Rompiendo
las
Maldiciones

FRANK HAMMOND

Rompiendo las Maldiciones

Unilit

EDITORIAL DESAFÍO

Contenido

En esta traducción el término "satanás" y sus afines
no llevan mayúsculas iniciales para no reconocer
a este enemigo ninguna prioridad en la vida del creyente,
aunque se desconozcan las reglas gramaticales
sobre nombres propios.

Introducción

El tema de las maldiciones es digno de toda nuestra cuidadosa atención. La palabra "maldición", en sus diversas formas, se encuentra más de 230 veces en la Biblia. En hebreo hay seis palabras diferentes y en griego hay tres palabras distintas que se traducen como "maldición". Estas palabras dan a conocer diversos aspectos de las maldiciones. Cualquier tema bíblico que tenga un énfasis tan extenso, merece nuestro estudio cuidadoso.

Desde un punto de vista real, es obvio que en muchas personas escasean las bendiciones de Dios en sus vidas. La ausencia de la bendición de Dios es prueba de una maldición. Somos malditos o bendecidos; no hay términos intermedios. Debemos determinar "si" y "por qué" estamos bajo una maldición y estar seguros de lo que debemos hacer para echar atrás esa condición. Dios, en nuestro Señor Jesucristo, nos ha dado grandes provisiones para pasar de la maldición a la bendición.

En el Antiguo Testamento, quizás la palabra más común para "maldición" es el término "*a r a r*". que significa expresar un deseo de mal contra alguien; pedir que caiga una enfermedad o una desgracia, o atar a alguien con un conjuro o ensalmo.

Desde la perspectiva de Dios, una maldición es una sentencia de juicio divino sobre los pecadores. Es precisamente lo opuesto de la bendición del

pacto. Las maldiciones resultan de quebrantar los
mandamientos de Dios. Así, todas las maldiciones
que se encuentran en Deuteronomio, capítulos 27
y 28, son consecuencias de haber violado la relación con Dios. Los anuncios del castigo divino
identifican las maldiciones impuestas por Dios.

Otra palabra hebrea que se traduce "maldición" es "*c h e r e m*" y designa las cosas dedicadas
a Dios o señaladas y apartadas para ser destrui-
das. Tales cosas se vuelven una maldición contra
quienes las conservan para sí. Por ejemplo, Acán
tomó una parte del botín de Jericó, que estaba
dedicado a Dios y ese botín se le convirtió en
maldición no sólo sobre él sino también a la totalidad de su familia (Josué 7). El diezmo es santo y
dedicado al Señor (Levítico 27:30) y pasa a ser una
maldición para los que no lo pagan (Malaquías
3:8-10), sino que lo guardan o lo gastan en algo
distinto a la obra de Dios. Un ídolo es una "cosa
maldita", y quien lleve a su casa un ídolo recibe
una maldición (Deuteronomio 7:25-26).

Es demasiado superficial agrupar los diversos términos hebreos o griegos bajo la única palabra "maldición". Sin embargo, en este libro se han
evitado las distinciones técnicas de los vocablos
hebreo o griego y dejamos que la identificación de
las diferentes clases de maldiciones reflejen sus
diversos aspectos.

"Rompiendo las Maldiciones" se publica con
una oración para que la verdad que aquí se revela,
permita cambiar muchas maldiciones en bendiciones.

1

Las
maldiciones
son reales

La Biblia afirma la realidad de las maldiciones. Dios dijo que El:

"...visita la iniquidad de los padres sobre los hijos y sobre los hijos de los hijos, hasta la tercera y cuarta generación"

Exodo 34:7.

Como los israelitas veían que estas maldiciones pasaban a sus descendientes, inventaron este dicho: *"...Los padres comieron las uvas agrias, y los dientes de los hijos tienen la dentera"* (Ezequiel 18:2). En otras palabras, los hijos sufrían por los pecados de sus padres. Las maldiciones generacionales impuestas por Dios, eran verdaderas.

El Libro de Jueces registra una maldición que
ilustra muy bien la realidad de las maldiciones.
Cuando Gedeón murió, dejó setenta hijos. Abimelec, uno de ellos, asesinó a sus hermanos a fin de
asegurar el liderazgo nacional para sí mismo.

Sólo escapó Jotam, el menor de los hijos de
Gedeón. Las ciudades de Milo y Siquem eran par-
tidarias de Abimelec. Por tanto, Jotam pronunció
una maldición sobre quienes habían asesinado a
sus hermanos

> "²⁰*Y si no, fuego salga de Abimelec, que
> consuma a los de Siquem y a la casa de Milo,
> y fuego salga de los de Siquem y de la casa
> de Milo, que consuma a Abimelec...*²³*envió
> Dios un mal espíritu entre Abimelec y los
> hombres de Siquem, y los de Siquem se
> levantaron contra Abimelec;* ²⁴*para que la
> violencia hecha a los setenta hijos de Jero-
> baal, y la sangre de ellos, recayera sobre
> Abimelec su hermano que los mató, y sobre
> los hombres de Siquem que fortalecieron las
> manos de él para matar a sus herma-
> nos...*⁵⁶*Así pagó Dios a Abimelec el mal que
> hizo contra su padre, matando a sus setenta
> hermanos.* ⁵⁷*Y todo el mal de los hombres de
> Siquem lo hizo Dios volver sobre sus cabe-
> zas, y vino sobre ellos la maldición de Jotam
> hijo de Jerobaal*"

Jueces 9:20, 23, 24, 56, 57.

Del relato anterior, aprendemos varias verdades claves:

1. Las maldiciones son reales. La maldición pro-
    nunciada por Jotam, cayó sobre Abimelec y
    sus huestes.

2. La maldición se debió al pecado. Abimelec inmisericordemente asesinó a sus setenta hermanos.

3. La maldición pronunciada por Jotam fue un clamor para que Dios juzgara si eso era justo. Dios es el Juez de los corazones y motivos de los hombres.

4. Dios sancionó la maldición. Las palabras de Jotam por sí solas, eran insuficientes para causar daño a Abimelec.

5. El poder de una maldición es demoníaco. "Dios envió un mal espíritu para efectuar la maldición".

A partir de la historia secular, vemos igualmente que las maldiciones son reales:

"Había miles de judíos que vivían en España hacia 1480; en el comienzo de la Inquisición, y en el curso de tres años se inició la expulsión de los judíos profesantes. En 1492, el año en que Colón zarpó para América, los reyes católicos Fernando e Isabel firmaron un edicto por el cual se expulsaba de España a todos los judíos. España se convirtió en una gran nación, y extendió su imperio a lo largo y ancho del mundo; sin embargo, en pocos siglos comenzó a declinar y su imperio se desintegró.

Nunca ha regresado política, económica, o culturalmente a su primitiva gloria y hoy se considera como una de las naciones más pobres de Europa occidental.

Además, el pueblo de España nunca ha experimentado un avivamiento espiritual de calidad o de cantidad...Como informarán los creyentes que trabajan en España, es una de las naciones del mundo más secas desde el punto de vista espiritual.

¿Por qué todas esas adversidades sobre la que fue una gran potencia? ¿No podría ser que la ley de Dios: *"Bendeciré a quienes te bendigan y los que te maldigan serán malditos"* es una verdad tan segura y de tanta certidumbre como la misma ley de la gravedad?*

Por otra parte, de nuestras propias experiencias hay bastantes relatos para demostrar que las maldiciones son verdaderas. Con mucho éxito hemos liberado a gran cantidad de cristianos presa de las maldiciones. Nosotros mismos hemos sido libres de ellas, conforme compartiremos en algunos de los capítulos venideros. Cuando las maldiciones se anulan, entonces fluyen las bendiciones.

Con todos los ministros de liberación con quienes nos hemos relacionado constantemente, tienen que ver y tratar con las maldiciones en la vida de los cristianos. Si es posible que un cristiano se encuentre bajo maldición, entonces es posible que el cristiano tenga un demonio, pues el poder de las maldiciones es diabólico por completo.

Desde nuestros primeros días en la labor de expulsar demonios, aprendimos a trabajar contra los demonios de las maldiciones. Sin embargo, lo hacíamos sin entender completamente las maldiciones y las bendiciones, desde el punto de vista escritural. El Espíritu Santo nos daba palabras de conocimiento cuando echábamos fuera los demonios de la gente, y por el Espíritu Santo aprendimos que había maldiciones sobre las personas. De hecho, este continuo tratar con las maldiciones en la vida de las personas nos animó a emprender un estudio bíblico sobre este tema. En verdad, quedamos sorprendidos al descubrir cuánto enseña la Biblia sobre maldiciones y bendiciones.

---

* (Sorko-Ram, Ari & Shira, diciembre 1992, Carta de Noticias MAOZ).

Con la finalidad de entender mejor las maldiciones, es útil dividirlas en varias categorías lógicas:

1. Maldiciones Generacionales.

2. Maldiciones por Pecados Personales.

3. Cosas Malditas.

4. Palabras de Maldición.

5. Maldiciones Originadas en los Padres y Maldiciones de Brujería.

En primer lugar, consideraremos las Maldiciones Generacionales.

2

Maldiciones generacionales

"A los cielos y a la tierra llamo por testigos hoy contra vosotros, que os he puesto delante la vida y la muerte, la bendición y la maldición; escoge, pues, la vida, PARA QUE VIVAS TU Y TU DESCENDENCIA"
Deuteronomio 30:19.

Cuando el hombre elige andar en obediencia con Dios, se le aseguran las bendiciones de Dios sobre su vida; y estas bendiciones pasarán a sus hijos y a los hijos de sus hijos. No así, cuando el hombre elige ignorar los mandamientos de Dios, o en forma abierta se rebela contra las leyes de Dios, será maldito al igual que su descendencia.

4"No te harás imagen, ni ninguna semejanza de lo que esté arriba en el cielo, ni abajo en la tierra, ni en las aguas debajo de la tierra. 5No te inclinarás a ellas, ni las

*honrarás; porque yo soy Jehová tu Dios,
fuerte, celoso, que VISITO LA MALDAD DE
LOS PADRES SOBRE LOS HIJOS HASTA LA
TERCERA Y CUARTA GENERACION DE
LOS QUE ME ABORRECEN, ⁶Y HAGO MISE-
RICORDIA A MILLARES, A LOS QUE ME
AMAN Y GUARDAN MIS MANDAMIENTOS"*

Exodo 20:4-6.

Dios se comunicó con Moisés en el Sinaí y le
dio los Diez Mandamientos. En ellos, Dios prohibió
la idolatría bajo la pena de una maldición que iba
a pasar hasta la *"...tercera y cuarta generación"*
(Exodo 34:7). Supongamos que un hombre comete
el pecado de idolatría (que incluye lo oculto). Además, supongamos que él y cada uno de sus descendientes por cuatro generaciones tiene tres hijos
cada uno. Esto eleva la cantidad hasta cuarenta
descendientes que estarán bajo la maldición pues-
ta por la iniquidad de un antecesor.

Si volvemos de regreso al árbol genealógico,
cada uno de nosotros tiene dos padres, cuatro
abuelos, ocho bisabuelos, y dieciseis tatarabuelos
—es decir, un total de treinta antepasados de los
cuales posiblemente se derivan las maldiciones. Al
buscar la causa de las maldiciones con esta luz, es
fácil ver que una persona puede perfectamente
sufrir toda clase de maldiciones debido a pecados
de los antecesores.

¿Quién puede tener un conocimiento seguro
de las idolatrías en que hayan estado comprome-
tidos sus abuelos de las generaciones pasadas?
Por tanto, ¿cómo hace uno para saber qué maldiciones se deben romper? El Espíritu Santo con
mucha frecuencia revela las causas de las maldiciones ancestrales por medio de "palabras de conocimiento".

Cuando trabajábamos en el ministerio pastoral, programábamos un día de liberación cada mes para las personas que no pertenecían a nuestra comunidad local y que deseaban liberación. Nos asombró ver cuánta gente venía de lugares muy lejanos, pues debían viajar bastante tiempo para asistir a unas pocas horas de enseñanza y ministración. En una de esas reuniones, hubo una dama que viajó más de trescientas millas y a quien jamás habíamos visto antes. Durante el momento de la ministración en grupo, Ida Mae recibió una "palabra de conocimiento" sobre esta mujer quien estaba bajo la maldición de una enfermedad mental por un pecado que había cometido uno de sus abuelos. Naturalmente, oramos para que esta mujer fuera libre de esa maldición especial.

Siete años más tarde supimos el resto de la historia. La víspera de ese día de liberación particular, a esta señora la habían sacado de un hospital mental. Durante años siempre entraba y salía de tales instituciones. Cuando regresó a su hogar, después de asistir a la reunión de liberación, la familia y los amigos esperaban que volviera a recaer en un episodio más de su enfermedad mental, tal como había sucedido por años, pero esto nunca volvió a ocurrir.

Desde el día de su liberación quedó completamente sana de toda enfermedad mental, y ahora es uno de los líderes más estables de la iglesia donde su esposo es anciano. ¡La maldición ancestral había quedado rota!

Las maldiciones ancestrales se determinan con suma frecuencia por sus malas consecuencias. La Santa Biblia (Deuteronomio 28) enumera varios efectos comunes de maldiciones que se pueden parafrasear de la sigiente manera:

1.   Pobreza o insuficiencia financiera completa.

2. Esterilidad e impotencia, así como abortos y otras complicaciones en el área de la reproducción.

3. Fracasos en planes y proyectos.

4. Muertes prematuras y muertes por causas no naturales.

5. Enfermedades y dolencias, sobre todo afecciones crónicas y hereditarias.

6. Vidas con traumas, siempre se va de una crisis a otra.

7. Quebrantos mentales y emocionales.

8. Ruptura de las relaciones familiares e inclusive divorcios.

9. Obstáculos espirituales para oír la voz de Dios, percibir la presencia del Señor, comprender la Biblia, concentrarse en la oración y ausencia de dones espirituales.

A través de toda la historia bíblica, los judíos fueron testigos de la operación de las maldiciones generacionales. Como hemos notado, inventaron un proverbio para describir las consecuencias del pecado de los padres y su paso a los hijos. En efecto, la Escritura dice: "*...Los padres comieron las uvas agrias, y los dientes de los hijos tienen la dentera*" (Ezequiel 18:2). Sin embargo, Dios declaró que llegaría el tiempo cuando este dicho iba a dejar de ser apropiado. Su pueblo iba a entrar bajo un "pacto nuevo". Dios escribiría su ley en "sus corazones", y todo hombre sería directamente responsable de sus propios pecados (Jeremías 31:29-33; Ezequiel 18:1-4). Este pacto nuevo es la gracia provista por nuestro Señor Jesús cuando vertió su sangre preciosa en favor de la humanidad.

La gracia no significa que una maldición ya no vuelve a pasar a las generaciones siguientes. Significa que por medio de la muerte substitutiva de Jesús, Dios ha provisto un remedio para la maldición.

> *"Cristo nos redimió de la maldición de la ley, hecho por nosotros maldición (porque está escrito: Maldito todo el que es colgado de un madero)"* Gálatas 3:13.

Cualquier persona que tenga evidencia de maldiciones generacionales que obren en su vida, debería apropiarse de las provisiones de la cruz. Que confiese sus propios pecados y los pecados (conocidos y desconocidos) de sus progenitores y antepasados. Los efectos de las maldiciones no son otra cosa sino parte de las obras del diablo que Jesús vino a destruir (1 Juan 3:8). Los demonios han perpetuado maldiciones que ahora se pueden echar fuera. ¡Se les debe ordenar salir en el nombre de Jesús!

La primera vez que enseñamos sobre maldiciones, un joven de 14 años fue liberado de una maldición generacional y quedó dramáticamente sano. La mamá había traído a su hijo para que se orara por él, y nos explicó que había nacido completamente sordo. Como nunca tuvo la oportunidad de oír, por tanto, jamás aprendió a hablar y era mudo. Ida Mae recibió "una palabra de conocimiento", la cual indicaba que su sordera se debía a una maldición originada en el compromiso de la madre por haber visitado a personas que adivinaban el futuro. La madre reconoció que después de haber entregado su corazón al Señor se había comprometido mucho en buscar que le adivinaran la suerte. En primer lugar, llevamos a la madre a que se arrepintiera, y luego le ministramos liberación.

Después, oramos por el muchacho haciéndole saber al demonio de la maldición que ya no tenía ningún derecho legal sobre el joven. Cuando el demonio salió, instantáneamente el muchacho recibió la facultad de oír. Un hermano de la comunidad puso a funcionar una cinta de alabanza en el sistema de sonido de la iglesia. El joven comenzó a tocarse un oído y otro y a mover su cabeza con el ritmo de la música, era la primera vez que podía oír.

Al día siguiente la mamá llamó a la oficina y dijo: "Tan solo quería que ustedes supieran que mi hijo está curado, puede oír perfectamente". Esta llamada era en verdad una confirmación para nosotros que la enseñanza sobre las maldiciones, había dado en el blanco.

3

Maldiciones por pecados personales

Muchas personas del pueblo de Dios luchan contra adversidades y males en sus vidas, sin reconocer que sus problemas se deben a las maldiciones. Y que éstas a su vez entran por la "puerta del pecado".

> *"MALDITO EL QUE NO CONFIRMARE LAS PALABRAS DE ESTA LEY PARA HA-CERLAS..."* Deuteronomio 27:26.

El pecado es la desobediencia a los mandamientos de Dios. A los ojos de Dios, la obediencia parcial es desobediencia. Un ejemplo de esto lo encontramos en el rey Saúl. Dios ordenó a Saúl que destruyera a los amalecitas, quienes habían atacado a los israelitas al salir del desierto para entrar a la Tierra Prometida, Canaán. Dios había pronunciado un juicio de maldición sobre los amalecitas: *"...Escribe esto para memoria en un libro, y dí a Josué que raeré del todo la memoria de Amalec de debajo del cielo"* Exodo 17:14.

Años más tarde, el juicio sobre Amalec estaba listo para hacerse efectivo, y Dios ordenó a Saúl destruir a los amalecitas (1 Samuel 15). No debía apiadarse de sus hombres, mujeres, niños, ni ganados. Todo lo que perteneciera a los amalecitas estaba destinado a la destrucción. Sin embargo, Saúl perdonó al rey Agag y a lo mejor de las ovejas, los bueyes, los carneros y a los corderos más robustos. La obediencia parcial de Saúl se juzgó como rebelión —incluso se igualó al pecado de la hechicería o adivinación. Debido a esta desobediencia Dios quitó a Saúl de su distinción de rey. El fracaso, la falla, el rehusarse a obedecer los mandamientos de Dios, siempre trae maldiciones. Si esperamos quedar libres de las maldiciones del pecado, es lógico que debamos andar en obediencia a Dios.

¿Cómo puede uno saber si está bajo la maldición de un pecado? ¿hemos despreciado a Dios, o no hemos querido oír su voz? Las bendiciones de Dios vienen sobre los hacedores de su Palabra. Las maldiciones vienen sobre aquellos que *"no oyen la voz del Señor, ni observan sus mandamientos para cumplir con la totalidad de sus estatutos"* Deuteronomio 28:15.

La Biblia específicamente enumera muchos pecados cuyas consecuencias son maldiciones; por ejemplo:

1. Idolatría (hacer o adorar ídolos). Deuteronomio 27:15; Exodo 20:5.

2. No honrar a los padres. Deuteronomio 27:16.

3. Defraudar al prójimo. Deuteronomio 27:17.

4. Crueldad contra una persona inválida. Deuteronomio 27:17.

5. Oprimir a los indefensos. Deuteronomio 27:19.

6. Fornicación. Deuteronomio 22:21-29.

7. Incesto. Es decir, relaciones con la hermana, la suegra, o la mujer del padre. Deuteronomio 27:22,23,29.

8. Relaciones sexuales con cualquier animal. Deuteronomio 27:21.

9. Adulterio. Números 5:27; Levítico 20:10; Deuteronomio 22:22-27; Job 24:15-18.

10. Relaciones homosexuales. Génesis 19:13, 24, 25; Levítico 20:13.

11. Relaciones sexuales durante la menstruación. Levítico 20:3.

12. Desposar a una mujer y a su madre. Levítico 20:14.

13. Rapto. Deuteronomio 22:25.

14. Hijos concebidos fuera del matrimonio. Deuteronomio 23:2.

15. Poseer o tener objetos malditos. Deuteronomio 7:25-26.

16. Toda práctica de ocultismo (adivinación, hechicería, conjuros o ensalmos, brujería, consultar un médium, consultar a los muertos). Levítico 20:6,27; Deuteronomio 18:9-13.

17. Asesinato. Deuteronomio 27:24.

18. Asesinar por dinero (sicarios esto incluye los que reciben dinero por hacer abortos). Deuteronomio 27:25.

19. Abandonar a Dios. Deuteronomio 28:20.

20. No servir al Señor con gozo y alegría en la época de prosperidad. Deuteronomio 28:46.

21. No reverenciar el nombre de Dios. Deuteronomio 28:58.

22. Presumir al pensar que uno puede ignorar la Palabra de Dios y seguir su propio camino. Deuteronomio 29:19.

23. Maldecir o maltratar a la simiente de Abraham. Génesis 12:3; 27:29; Números 24:9.

24. Rehusarse a colaborar en la lucha de Dios. Jueces 5:23; Jeremías 48:10b.

25. No dar la gloria a Dios. Malaquías 2:2.

26. Robar a Dios en los diezmos y ofrendas. Hageo 1:6-9; Malaquías 3:9.

27. Descuidar la obra del Señor. Jeremías 48:10a.

28. Desviar a otros del camino del Señor y llevarlos a religiones falsas. Deuteronomio 13:18-21.

29. Quitar o agregar a la Palabra de Dios. Apocalipsis 22:18-19.

30. Enseñar a ser rebeldes contra el Señor. Jeremías 28:16-17.

31. Rehusarse a advertir a quienes pecan. Ezequiel 3:18-21.

32. Respetar el día de reposo. Exodo 31:14; Números 15:32-36.

33. Pervertir o cambiar el evangelio de Cristo. Gálatas 1:8-9.

34. Maldecir a los propios gobernantes. Exodo 22:28; 1 Reyes 2:8-9.

35. Rehusarse a perdonar a los demás después de pedir a Dios que nos perdone. Mateo 18:34-35.

36. Sacrificar niños (por ejemplo, abortos). Levítico 18:21; Deuteronomio 18:10.

37. Desobedecer cualquier mandamiento de Dios. Deuteronomio 11:28; 27:26.

Sin embargo, hay otro método para saber si uno está bajo una maldición: comparar la vida con las bendiciones que Dios ha prometido para quienes le aman. Si uno no está bendecido se halla bajo maldición. ¿Cómo se mide nuestra vida con las bendiciones enumeradas en Deuteronomio 28:1-14?

¿Nos ha puesto Dios arriba y prestamos a muchos, sin tener que pedir prestado somos cabeza y no cola? ¿Se caracteriza nuestra vida por ser fructífera? ¿Tenemos prosperidad en nuestro entrar y en nuestro salir? ¿Estamos libres de molestias y ataques de nuestros enemigos, tanto físicos como espirituales? ¿Hay éxito en nuestras vidas? ¿Nuestra relación con Dios es gratificante? ¿Reconocemos y cumplimos Sus propósitos?

Tales son las señales típicas de una existencia bendecida. Si no se está gozando de la bendición entonces se sufre de la maldición. No hay términos medios.

Otra técnica para determinar si las maldiciones están en acción, consiste en buscar sus efectos. Los más comunes son pobreza, esterilidad, enfermedades, dolencias crónicas, fracasos, derrotas, humillaciones, alteraciones mentales, tormentos, traumas constantes, obstáculos espirituales, dominio por parte de los demás y abandono tanto de Dios como de quienes nos rodean (Deuteronomio 28:20-68).

En 1979 hicimos nuestro primer viaje ministerial al extranjero. Mientras nos preparábamos para la obra que teníamos por delante, nos preguntamos si encontraríamos en otros países los mismos demonios que se veían en los Estados Unidos. No hubo necesidad de mucho tiempo para descubrir que los demonios son los mismos en todas partes.

Los líderes de la iglesia que nos invitó nos trajeron un hombre para ayudarle. Estaba enfermo mentalmente. Se encontraba en esta condición por más de diez años y era incapaz de sostener a su esposa y tres hijos. La carga era muy pesada para la familia. Por medio de "una palabra de conocimiento" supimos que el problema mental de este hombre se debía a una maldición por un pecado. Había cometido alguna clase de pecado por la que llevaba una pesada culpa y la culpa le había vuelto loco por completo.

Confrontamos a este hombre con la "palabra de conocimiento", pero estaba muy avergonzado para decirnos lo que había hecho. Después de mucha persuasión amorosa, por último, nos confió que de muchacho se había levantado en una finca y allí cometió el pecado de bestialidad con varios animales de la finca.

Estaba convencido que ese pecado era imperdonable y que era inútil confesárselo a Dios. Por medio del intérprete le hicimos saber que Dios le iba a perdonar si se arrepentía y pedía perdón a Dios. Le guiamos en una plegaria de confesión y echamos fuera los demonios de las maldiciones.

Al día siguiente, la esposa supo que estaba perfectamente liberado. Dijo: "Es como un pájaro fuera de la jaula. No se da cuenta que es libre". Meses más tarde recibimos una carta de aquel hombre. Ya no estaba mentalmente enfermo había regresado al trabajo poco después de haber orado por él.

Dos años después, regresamos a ese país. Cuando el hombre que había sido liberado de la maldición de la enfermedad mental (consecuencia del pecado de bestialidad) supo que estabámos allí, nos invitó a su casa para ofrecernos una comida como manifestación de gratitud. Celebramos su liberación con la familia y los amigos y dimos toda la alabanza a Jesús nuestro Liberador.

Algo así como once años más tarde, recibimos una carta de este hermano. Una vez más nos daba las gracias por haber permitido que Dios nos usara en su favor. Su testimonio acababa de ser publicado en la revista de su iglesia.

En Deuteronomio 27 la idolatría es el primer pecado para el que se menciona una maldición. Dios mira la idolatría como adulterio espiritual y la razón que Dios da para extender una maldición hasta la tercera y cuarta generaciones es: *"...porque yo soy Jehová tu Dios, fuerte, CELOSO..."* (Exodo 20:5). De quienes dividen su lealtad o buscan otro dios, se dice que "aborrecen" al Señor.

Si alguien se aparta de la relación matrimonial para satisfacer sus necesidades sexuales comete adulterio. La idolatría es adulterio espiritual, porque todas nuestras necesidades las supple nuestro Esposo Dios. La idolatría consiste en ir a un proveedor distinto de Dios para buscar sabiduría, dirección, favor o poder. Como se mencionó antes, lo oculto es idolatría. La hechicería, la adivinación, la necromancia, la brujería, la astrología, son fru-

tos prohibidos. Recordemos que Dios dijo a Eva
con respecto al fruto prohibido: *"...No comeréis de
él, ni le TOCAREIS, para que no muráis"* (Génesis
3:3).

Sólo se necesita un "toque" con lo oculto para
apresar a una persona y ponerla bajo una maldición. Frank nos cuenta cómo aprendió esta lección
del modo más duro.

Durante los primeros veinte años de mi ministerio pastoral, luché bajo los efectos de una
maldición. Siempre que leía la Biblia, mi mente
estaba atada en gran manera. Tenía que luchar
mucho para sacar algo de la Palabra de Dios. No
sabía nada sobre maldiciones en todos esos años
y no tenía indicación alguna sobre la causa de este
problema de atadura mental. Por último, cuando
llegué al ministerio de liberación, comencé a entender las consecuencias de las maldiciones y Dios
me reveló el origen de mi problema.

Cuando estudiaba en el Seminario Teológico
Bautista del Suroeste, en Fort Worth, Texas tomé
un curso sobre sectas. El profesor me pidió que
visitara cinco reuniones de sectas, que observara
lo que allí pasaba y que escribiera un artículo con
base en estas experiencias. Fui a una reunión
espiritista donde el hombre que presidía era médium. Supuestamente recibía informes del espíritu
de un tío muerto. Este hombre era lo que la Biblia
llama "necromante" es decir, una persona que
consulta a los muertos (Deuteronomio 18:11). Desde luego, es imposible tener contactos con los
difuntos. En realidad, el médium establece un
contacto con un espíritu familiar —o sea, un espíritu familiar con el médium y con la persona
fallecida. El espíritu familiar a veces aparece como
un muerto determinado y puede imitar su voz.

Toqué el plano de lo oculto, quedé preso. Espiritualmente quedé inválido. Cuando Dios me mostró la raíz, veinte años más tarde, rápidamente me arrepentí de haber ido a esa reunión espiritista, perdoné al profesor que me lo ordenó, e hice que Ida Mae echara fuera el demonio de la maldición. Fui inmediata, completa y permanentemente libre. ¡La cadena que había en mi mente quedó rota!

En las conferencias de liberación que dábamos el 70% de las personas admitieron que tenían dificultades espirituales. Había obstáculos en la vida de oración, en el estudio de la Biblia, en oír la voz de Dios, en adorar, en alabar, en los dones del Espíritu Santo y en ministrar para el Señor. Al profundizar para encontrar la raíz de tales obstáculos descubrimos que casi todas las personas habían tenido algún contacto con lo oculto; ésta fue la llave para darles liberación.

Lo oculto es apenas otro término para designar la idolatría; lo cual es ir a una fuente distinta de Dios para satisfacer los deseos propios. La Biblia nos dice exactamente qué sucede cuando somos idólatras:

> *"Semejantes a ellos [a los ídolos] son los que los hacen, y cualquiera que confía en ellos"*
> Salmo 115:8.

¡El idólatra viene a ser como el ídolo! ¿Cómo es eso? Los ídolos tienen boca pero no pueden hablar. Cuando se ora para que una persona reciba el bautismo en el Espíritu Santo, y es incapaz de hablar en lenguas, la raíz causal casi siempre es compromiso con lo oculto.

Los ídolos tienen ojos pero no pueden ver. El idólatra es ciego espiritualmente, no puede percibir las cosas espirituales.

Los ídolos tienen oídos pero no pueden oír. Muchos cristianos son incapaces de oír la voz de Dios, tienen esa dificultad debido a su trato con los ídolos.

Los ídolos tienen nariz pero no pueden oler. La Biblia dice que quienes han tenido comercio con los ídolos no pueden percibir la fragancia del Señor, están inconscientes de su Presencia.

A veces a los demonios se les puede discernir por medio del olor. La Biblia dice que son "espíritus inmundos" y, de hecho, tienen olores muy desagradables. Los espíritus inmundos con mucha frecuencia hacen que las personas sean sucias y que descuiden su higiene personal. No se dan cuenta que son malolientes.

Encontramos a James en Aspen, Colorado. Era un hippie sucio, con su largo cabello apelmazado, a quien llevamos a Cristo mientras ministrábamos liberación a uno de sus amigos. Era una noche muy fría en las montañas y James llevaba una chaqueta de cuero, semejante a la que usaban los exploradores de la frontera; con un cuchillo de caza en la cintura.

Cuando nos arrodillamos juntos, James recibió el bautismo en el Espíritu Santo. Mientras oraba en lenguas los demonios comenzaron a salir de él. No podía entender lo que le pasaba, y nosotros calladamente continuamos ordenando a los demonios que se fueran.

Hacía un poco de calor en el viejo edificio de la iglesia donde ministrábamos a James, luego que se quitó su chaqueta vimos que usaba un collar de lo oculto y le pedimos que se lo quitara. Después siguió despojándose de las prendas hasta quedar en su ropa interior térmica, la cual estaba muy sucia. Obviamente, no se había bañado en meses.

De pronto, tuvo conciencia de su suciedad. Comenzó a olerse a medida que pasaba sus dedos sobre su camiseta, murmuró con asombro: "¡Cómo estoy de sucio!" Al estar lleno con la pureza de Dios, vino a ser consciente de su suciedad.

Algunos años después, James nos escribió en el aniversario de la experiencia de su nuevo nacimiento. La última vez que supimos de él, aún seguía al Señor y ministraba con un evangelista pentecostal en Florida.

Los ídolos tienen manos pero no las pueden utilizar. Las manos representan el ministerio. Las manos que no pueden "trabajar" son un obstáculo para el ministerio.

Los ídolos tienen pies pero no pueden andar. Los pies y el andar hablan de la capacidad para ministrar. Vale la pena recordar que los pies de quienes llevan el evangelio son hermosos (Isaías 52:7; Romanos 10:15). El idólatra es inválido para ministrar.

Los ídolos no pueden hablar con sus bocas. Quienes hacen ídolos o confían en ellos, tienen dificultad en sus testimonios pues su lengua está atada.

La dificultad espiritual, lo mismo que los obstáculos espirituales son una maldición. ¡Cuán glorioso es ser liberado de la esclavitud de la idolatría!

4

Cosas maldinas

> "*²⁵Las esculturas de sus dioses [ídolos] quemarás en el fuego; no codiciarás plata ni oro de ellas para tomarlo para ti, para que no tropieces en ello, pues es abominación a Jehová tu Dios; ²⁶y no traerás cosa abominable [ídolos] a tu casa, para que no seas anatema [cosa maldita]; del todo la aborrecerás y la abominarás, porque es anatema [cosa maldita]*" Deuteronomio 7:25-26.

Uno se pone bajo maldición cuando toma una cosa maldita (anatema) como posesión propia. La palabra hebrea más común para "anatema" o "cosa maldita" es "c h e r e m" que literalmente significa "cosa dedicada". Las cosas que se dedican a Dios se convierten en maldiciones para la persona que las toma para sí.

Jericó y todo cuanto había dentro de sus murallas fueron las primicias de la conquista de Canaán. Todo el botín de la ciudad se dedicó a Dios.

> *"¹⁷Y será la ciudad anatema [dedicada] a Jehová, con todas las cosas que están en ella; solamente Rahab la ramera vivirá, con todos los que estén en casa de ella, por cuanto escondió a los mensajeros que enviamos. ¹⁸Pero vosotros guardaos del anatema; ni toquéis ni toméis alguna cosa del anatema [lo dedicado], no sea que hagáis anatema [maldito] el campamento de Israel y lo turbéis. ¹⁹Mas toda la plata y el oro, y los utensilios de bronce y de hierro, sean consagrados a Jehová, y entren en el tesoro de Jehová"*   Josué 6:17-19.

Acán se apoderó de un manto, de alguna cantidad de oro y de plata, cosas dedicadas a Dios. Robó a Dios y lo que tomó se le convirtió en una maldición para él, para su familia y para todo el campamento de Israel. Debido al pecado de Acán, los enemigos de Israel pudieron derrotar a los israelitas. A fin de quitar la maldición, Acán, su familia y todos sus bienes, tuvieron que ser destruidos. Tal era el castigo bajo la ley de Moisés.

De manera semejante, si tomamos algo que está dedicado a Dios, sobre nosotros también vendrán maldiciones. Si alguien retiene el diezmo de Dios, le caerá una maldición de pobreza que no se puede romper.

> *"⁸¿Robará el hombre a Dios? Pues vosotros me habéis robado. Y dijisteis: ¿En qué te hemos robado? En vuestros diezmos y ofrendas. ⁹MALDITOS SOIS CON MALDI-*

CION, porque vosotros, la nación toda, me habéis robado" Malaquías 3:8-9.

Además, los objetos de idolatría o de lo oculto que poseamos, nos traerán maldiciones. Dios decretó en su Palabra que tales objetos sean destinados a la destrucción.

Herbert nos invitó a cenar a su casa. Era la oportunidad para ministrarle a su hijo de catorce años, a quien le despertaban todas las noches sueños aterradores.

Herbert había trabajado para la denominación "Asambleas de Dios", y filmaba a los misioneros en sus actividades de campo. Su labor le había permitido ir a diversos países africanos. Descubrimos que su casa estaba decorada con objetos de brujería que le habían dado los misioneros. Por ejemplo, en una pared había una verdadera máscara de hechicero y un fetiche de un curandero (médico brujo), hecho con la cola de una vaca. En una vitrina vimos una colección de figuritas de hombres dedicados a ejecutar perversiones sexuales.

La atmósfera demoníaca de la casa era impresionante. ¡No era de extrañar, por tanto, que el adolescente tuviera tales pesadillas! Sin embargo, Herbert defendió sus apreciados objetos de hechicería. Los valoraba tanto que no quiso aceptar nuestro consejo de destruirlos. En consecuencia, no pudimos ayudar al muchacho.

Años más tarde, Herbert asistió a una conferencia donde enseñábamos. Nos informó que después que salimos de su casa, se dio cuenta que nuestro consejo era bueno. Había destruido todos los artefactos de brujería y limpió su casa de demonios. Desde ese momento, el hijo pudo volver a dormir en paz.

Hay muchas cosas que se clasifican como "arte" y que tienen demonios asociados con ellas. El Libro de los Hechos nos habla de algunas personas recién convertidas que se vieron obligadas a hacer una seria limpieza de sus casas. Ese es un patrón que nos conviene tener presente.

"[18]y muchos de los que habían creído venían confesando y declarando sus obras de entrometimiento (ocultismo). [19]Y bastantes de los que habían practicado o practicaban la magia, reuniendo los libros (los) quemaron a la vista de todos; y calcularon los precios de ellos y hallaron ser cincuenta mil piezas de plata"

(Hechos 19:18-19.
Nuevo Testamento Interlineal Griego-Español
por Francisco LaCueva. Editorial Clie,
Terrassa, Barcelona, 1984).

"[18]Y muchos de los que habían creído venían confesando y denunciando sus prácticas supersticiosas. [19]Y bastantes que practicaban artes mágicas, llevando sus libros, los quemaban delante de todos. Y calcularon su precio en cincuenta mil monedas de plata"

Hechos 19:18-19.
Nuevo Testamento Ecuménico
de la Comunidad Evangélica de Taizé
y del Consejo Episcopal
Latinoamericano, CELAM.
Editorial Herder,
Barcelona, 1968.

El original inglés en el versículo 19 para magia o artes mágicas usa las palabras CURIOUS ARTS (como se encuentran en la Authorized King James Version) y que se refieren a los artículos que "se mueven dentro de lo prohibido con la ayuda de los espíritus del mal" *

El arte demoníaco tiene un aire extraño que produce curiosidad, "arte curioso". Necesitamos hacer conciencia de las cosas de "arte curioso" que tengamos entre nuestras posesiones. Los almacenes o tiendas de curiosidades se especializan en artículos curiosos. Cuando se compra uno de estos objetos, usualmente se obtiene un bono gratis: ¡un espíritu demoníaco!

Habíamos estado ministrando intensamente durante cinco días. Estábamos listos para un descanso. Nuestros amigos, los Henderson, nos invitaron a su preciosa casa a desayunar. Prometía ser un espacio de reposo donde podríamos alejarnos de la lucha espiritual y no ver, ni oír, ni hablar sobre demonios.

Después del desayuno fuimos al estudio y nos hundimos en comodísimas sillas. La mesa que se encontraba frente a Ida Mae tenía un artístico jarrón. El Espíritu Santo comenzó a mostrarle a Ida Mae lo que representaba ese jarrón, pero no quiso verlo. Trató de ignorar lo que el Espíritu le decía además, después de todo, estábamos allí sólo para descansar y hacer una visita.

Pero fue como si el Espíritu Santo con su dedo hiciera un bosquejo de lo retratado en el jarrón. Se trataba de una réplica de los órganos reproductivos femeninos. Con mucho desgano Ida Mae se vio obligada a ceder a la señal de alarma del Espíritu de Dios y dijo: "Maggie, te tengo que mostrar lo que representa este jarrón. Es arte perverso". A medida que Ida Mae trazaba el contorno de la figura,

---

* Vine, W.E. *"Vine's Expository Dictionary of New Testament Words."* Riverside Book & Bible House, Iowa Falls, IO, 1952, p.253

explicaba: "La base es la vagina, seguida por el útero. Aquí están las trompas de Falopio y los ovarios".

Maggie saltó de su silla, agarró el jarrón, corrió a la puerta y lo arrojó al exterior. Todos los demás nos quedamos sorprendidos de la reacción tan fuerte de nuestra amiga.

Luego nos explicó. Cuando su esposo estaba en el servicio militar, habían podido viajar por diversos países. Mientras se encontraban en Italia, compraron el jarrón porque era de vidrio veneciano, único en Italia. Entre ellos era como un chiste que a pesar de haberse mudado tantas veces de una parte a otra, en las que muchas cosas se rompieron, el delicado jarrón nunca sufrió ningún daño.

A medida que Ida Mae explicaba lo que el Espíritu Santo le reveló sobre el jarrón, Maggie repentinamente había caído en la cuenta que sus principales problemas físicos habían comenzado en sus órganos de reproducción a partir del momento en que compraron el florero, Al final, hubo necesidad de regresar a los Estados Unidos debido a su enfermedad. Le hicieron una histerectomía donde fue posible descubrir aglomeraciones o manojos de pequeñas neoformaciones [(¿)endometriosis(?)] tanto dentro como fuera de la matriz. Entonces hicimos una oración para liberar a Maggie e Ida Mae, bajo la guía del Espíritu Santo, comenzó a hablar a las "raíces" que, desde los órganos internos de Maggie, habían bajado hacia las piernas. Maggie confirmó que esto era cierto. Las piernas le molestaban tanto que había tenido que renunciar al ejercicio a fin de buscar alivio para el dolor.

El Espíritu Santo movió a los Henderson a destruir los restos del jarrón y a quitar los pedazos de su propiedad con el objeto de no contaminarla. Llevaron entonces todos los trozos del jarrón roto al relleno sanitario de la localidad donde permanecen sepultados.

Como consecuencia de esta experiencia, recomendamos cautela con respecto a coleccionar recuerdos y objetos conmemorativos al visitar países y regiones donde la hechicería haya sido notoria. Por ejemplo, se sabe que los indios del suroeste de los Estados Unidos llevan a cabo ciertas ceremonias en relación con las artesanías que ofrecen en venta. Así hay diversos objetos contaminados por lo menos con una maldición como las joyas con turquesas, el ojo tejido (el ojo de Dios) y las colgaduras que tejen para adornar las paredes. Las divisiones que adornan ciertas cortinas, son "ventanas" para permitir el tránsito de los espíritus del mal.

Las cuentas de colores hechas con pimientos de ají rojo son objetos que se usa como ofrendas a dioses paganos. "Los aztecas reverenciaban y respetaban tanto el ají (chile), que deificaron la planta como uno de los dioses menores de la guerra".*

A continuación Frank relata el encuentro que tuvo con Felipe, un misionero evangelista.

Felipe oyó un anuncio radial de nuestro seminario de liberación. Su convencimiento era que un cristiano no puede tener demonios. Sin embargo, el Espíritu Santo le movió para hacerle asistir a fin de que recibiera sanidad. Como llegó temprano, le conduje al estudio del pastor para un rato de oración.

Felipe se identificó como misionero evangelista. Usaba muletas pues se había lesionado seria-

---

* Bowman, J. Heart and Soul Food. *Friendly Exchange Magazine*, otoño, 1992, p.13.

mente el tobillo y el pie como consecuencia de
haberse caído de una escalera. Se le habían hecho
varias operaciones y durante seis semanas tuvo el
miembro inferior en un yeso. A pesar de todo esto,
persistía un dolor intenso y los médicos opinaban
que iba a quedar inválido para siempre.

Después de haberse lesionado la pierna, tuvo
un accidente de aviación del que sobrevivió de
modo milagroso. Entre más hablaba, más me con-
vencía que Felipe sufría todo esto como consecuencia de maldiciones. Luego, el dato clave salió a la
luz.

Mientras estaba en una misión evangelística
en Haití, lo invitaron a una reunión de vudú.
Aunque otros misioneros le hicieron ver los peli-
gros de ir, sintió mucha curiosidad por obtener
informes de primera mano en relación con las
prácticas ocultistas. En medio del rito del vudú, un
hombre, bajo la influencia de demonios, comenzó
a comerse un vaso de vidrio grueso y le ofreció a
Felipe como recuerdo la parte del vaso que no se
comió. Felipe, además, tomó fotos del ritual para
mostrarlas a las personas entre las que iba a
predicar en el futuro.

Expliqué que era necesario destruir tanto el
vaso a medio comer como las fotos. El haber
asistido a la ceremonia de vudú, más poseer el vaso
y las fotografías, ciertamente habían puesto a Felipe bajo los efectos de una maldición. Felipe estuvo de acuerdo en destruirlos tan pronto regresara
a su casa. Luego le dirigí en una oración de arrepentimiento donde renunció a lo oculto e invocó al
Señor Jesús en su liberación. Entonces ordené
"¡Tú, espíritu inmundo de vudú, sal de él!" Felipe
explotó en un acceso de tos y en segundos, saltó
sobre sus pies, mientras con todo gozo alababa a
Dios. ¡Quedó completamente sano!

Felipe dejó sus muletas en la oficina del pastor y al final del servicio, estuvo todo el tiempo de pie a mi lado, para ayudarme a ministrar sanidad y liberación a las personas.

También hay mucho del así llamado "arte cristiano" que viola expresamente el mandamiento divino.

"No te HARAS imagen (ídolos), ni ninguna semejanza de lo que esté arriba en el cielo, ni abajo en la tierra, ni en las aguas debajo de la tierra" Exodo 20:4.

Cuando los cuadros, las imágenes, y las estatuas se hacen como representaciones del Padre, del Hijo, o del Espíritu Santo son ídolos. Vienen a ser una abominación para Dios, porque Dios es incorruptible y no se puede representar con nada que sea corruptible.

[22]*"Profesando ser sabios, se hicieron necios,* [23]*y CAMBIARON LA GLORIA DEL DIOS INCORRUPTIBLE en semejanza de imagen de hombre corruptible, de aves, de cuadrúpedos y de reptiles"* Romanos 1:22-23.

Cuando se elabora la imagen de una paloma para representar al Espíritu Santo o el concepto de Jesús que puede tener un artista a fin de ilustrar el Hijo de Dios, ¿acaso no es una violación al mandamiento de no hacer nada que pretenda ser la semejanza de la divinidad? Además, tales objetos se convierten en amuletos de lo oculto cuando se mantienen, se usan o se llevan para traer buena suerte o como elementos que protejan a una persona de cualquier peligro. Hasta el símbolo de la cruz se puede corromper de esta manera.

Una vez enseñamos sobre idolatría cristiana en un campamento en cuya librería era posible comprar pequeños símbolos cristianos hechos de plata. Cuando un hermano que oyó nuestra enseñanza, pretendió devolver la figura de una paloma para recuperar su dinero, hubo una oleada de furor. En las autoridades del campamento se produjo una reacción como la que mostraron los plateros de Efeso bajo las influencias de "*...Demetrio que hacía de plata templecillos de Diana, daba no poca ganancia a los artífices*". ¿Por qué estaba Demetrio tan irritado y enfurecido? La razón se halla en las palabras que dirigió a los plateros: "*...Varones, sabéis que de este oficio obtenemos nuestra riqueza*" (Hechos 19:23-41).

No hace muchos años los cristianos fundamentalistas condenaban a los católicos romanos y a los ortodoxos por su imágenes y sus iconos, pues consideraban que toda imagen que representaba la deidad era algo reprochable. Sin embargo, ahora se aprueban, se sancionan y se buscan tales estatuas y cuadros. Así, hoy encontramos que casi todas las librerías cristianas están saturadas con objetos de idolatría. La idolatría "cristiana" se puede racionalizar y defender, pero tales argumentos no desplazan ni reemplazan a las Escrituras, ni mucho menos nos capacitan para escapar de la maldición que se le asocia.

Un llamado "cuadro de Jesús" no es un cuadro de Jesús. En realidad es la representación de "otro Jesús".

El Espíritu Santo enseñará a quienes se lo permitan, cuando uno sigue en la Palabra de Dios será un verdadero discípulo a quien se le han de revelar todas las verdades.

Una amiga nuestra muy querida, Evelyn Marzullo, escribe en su libro el siguiente testimonio:

"A medida que comenzaba a estudiar las Escrituras con más intensidad, el Señor me dio una revelación relacionada con la idolatría y sobre cuán fácilmente puede entrar en nuestras vidas.

En Una de las paredes del comedor de mi casa había un hermoso cuadro de Jesús. El cuadro mostraba al Señor lleno de suavidad y con una tierna sonrisa en su rostro. Con mucha frecuencia durante el curso del día, pasaba cerca de este cuadro, y no podía hacerlo sin detenerme a mirar el rostro de Jesús y a orar por un instante. Un día, al hacer esto, oí estas palabras dentro de mí: 'Si sigues mirando este cuadro, no me conocerás cuando me veas'. Este pensamiento me conmovió. No me había dado cuenta que este cuadro se había vuelto tan importante para mí, pues era la única forma como veía a Jesús.

Entonces, bajé el cuadro inmediatamente y lo destruí, pues sabía que al hacerlo así obedecía al Señor".*

Cuando Jesús enseñó: *"El que come mi carne y bebe mi sangre, tiene vida eterna; y yo le resucitaré en el día postrero"* (Juan 6:54), sus seguidores se quejaron y dijeron *"...Dura es esta palabra: ¿quién la puede oír?"* (Juan 6:60) y *"Desde entonces muchos de sus discípulos volvieron atrás, y ya no andaban con él"* (Juan 6:65).

Muchos cristianos con suma rapidez afirman que desean oír la verdad, pero ciertas verdades les son "palabras duras", difíciles de soportar y caen en terreno rocoso.

La Palabra del Señor a su Iglesia en el día de hoy es comparable a la que recibió el profeta: *"Hijo de hombre, notifica a Jerusalén sus abominaciones"* (Ezequiel 16:2). Ezequiel tenía el ingrato deber de

---

* Marzullo, Evelyn, "He Said, Follow Me - (El Dijo: Sígueme)", 1993, Pp22ss.

comunicar al pueblo de Dios la opinión divina
sobre su idolatría que fue, es y será siempre, una
abominación a los ojos del Altísimo. En el momento
actual, el portavoz de Dios debe ser igualmente fiel
para exponer y condenar, con todo denuedo, la
idolatría dentro de la Iglesia.

En el curso de una liberación persona a persona con Betty Sue, nos dejó perplejos mediante
una pregunta muy extraña: "¿Por qué odia Jesús?"
Le aseguramos que Jesús la amaba y que de hecho,
hasta dio su vida por ella en la cruz. "¿Por qué dices
que el Señor te aborrece?" la sondeamos. "Porque
tengo un cuadro de Jesús en la cabecera de mi
cama", nos explicó, "y todas las noches, mientras
duermo, sale del cuadro para golpearme". El Señor
Jesucristo no era quien atacaba a Betty Sue; era
el espíritu de "otro Jesús". Al venerar ese cuadro,
había recibido "otro espíritu" —un Jesús falso, un
espíritu de error, sobre el que Pablo nos advirtió
con sabiduría de lo alto en segunda de Corintios
11:4.

En la Biblia no hay ningún indicio sobre la
apariencia física de Jesús. Dios, en la plenitud de
toda su sabiduría y en su conocimiento profundo
sabe que el hombre siempre está listo a hacer
imágenes. Además, el Padre pretende que recordemos a nuestro Señor en su glorificación, mucho
más que en su humillación.

> *"...Y aunque en otro tiempo considera-*
> *mos a Cristo (desde un punto de vista hu-*
> *mano como hombre) de esta manera, ahora*
> *(tenemos tal conocimiento de El que) ya no*
> *lo hacemos así (en términos de la carne)"*
> 2 Corintios 5:16b,
> Nueva Versión Internacional (ampliada).

¿Alguna vez has visto un retrato feo del Señor
Jesús? Casi todos los artistas le ilustran como un

hombre muy buen mozo y con mucho atractivo. Sin embargo, no figura así en la profecía: *"...no hay paracer en él, ni hermosura; le veremos, mas sin atractivo para que le deseemos"* Isaías 53:2b.

¿Cómo vamos a recordar a Jesús? El Señor nos dijo cómo lo debemos hacer. Lo vamos a recordar por medio de los símbolos de la Santa Cena: el pan partido que representa su cuerpo quebrantado y el vino que nos habla del sacrificio donde El vertió su sangre.

"24...lo partió (el pan), y dijo: Tomad, comed; esto es mi cuerpo que por vosotros es partido; haced esto en memoria de mí... 25...Tomó también la copa, después de haber cenado, diciendo: Esta copa es el nuevo pacto en mi sangre; haced esto todas las veces que la bebiereis, en memoria de mí"

1 Corintios 11:14-25

Sin embargo, no tenemos porqué recordar un Cristo muerto, sino a la Persona que murió por nosotros; "un afectuoso recuerdo de la Persona misma en la mente" *

Si del Sudario de Turín se hubiese demostrado la autenticidad, ¿sería factible imaginar el diluvio de idolatría que se hubiera podido soltar sobre la Iglesia?

Ida Mae recuerda a una joven presbiteriana que sufrió intenso dolor de cabeza durante una de nuestras enseñanzas. Nos llamó la atención el crucifijo de madera que adornaba su cuello. El Espíritu de Dios nos reveló que ésta era la causa del dolor. Los espíritus de dolor y sufrimiento, asociados con el crucifijo, se excitaron con nuestra enseñanza y se manifestaron.

---

* Vine, W.E. Vine's Expository Dictionary of New Testament Words. Riverside Book & Bible House, Iowa Falls, IO, 1952, pp.946-947).

Preguntamos a la dama por qué ella, presbiteriana, llevaba un crucifijo. Nos explicó que una tía se lo había obsequiado. Había pertenecido a la abuela y era algo así como una herencia familiar. Por este motivo rechazó nuestro consejo de quitarse el crucifijo y cuando terminó el servicio todavía experimentaba el dolor de cabeza.

Un crucifijo representa un Cristo muerto. Es un símbolo de sufrimiento, dolor, pena, y atrae esas mismas clases de espíritus a quien lo lleva. Un símbolo más apropiado podría ser una tumba vacía. Nuestro Redentor vive y porque El vive, ¡nosotros también vivimos!

Doris, una dulce creyente, nos invitó a su casa mientras enseñábamos en su ciudad. Específicamente nos pidió recorrer la casa y determinar si había algún objeto que pudiera atraer a los espíritus del mal. Además, nos pidió orar por sus ojos, pues estaba perdiendo la vista.

En una vitrina de la sala vimos una escultura que representaba a Jesús en la agonía de la muerte. Por su rostro corrían gotas de sangre que se iniciaban en la corona de espinas; los ojos giraban hacía atrás y las lágrimas bañaban sus mejillas: un verdadero *momento mori*. ¡Era abrumador! Le dijimos: "Doris, necesitas desprenderte de esta imagen. Es precisamente lo que la Biblia llama 'otro Jesús', eso es pura idolatría".

Doris nos explicó que cada día se paraba en frente de la imagen, le miraba los ojos y entonces sus propias lágrimas le lavaban las mejillas.

"Doris, el Señor nos muestra por qué estás perdiendo la vista. Se debe a esta imagen. Se debe a que miras los ojos de la imagen y esto te ha producido daño, eso no viene de Dios".

"Pero mi mejor amigo me la regaló", nos contestó Doris. "Si la destruyo Henry jamás lo podría aceptar ni comprender".

Sabíamos quién era Henry. Era un caballero muy fino, tierno, inteligente y delicado. Le aseguramos que él comprendería. Doris no pudo definir su conducta. Parecía estar convencida que era necesario destruir la imagen, pero tenía temor de ofender a Henry. Ese día no tomó ninguna decisión, quizás hizo lo correcto más tarde. De todas maneras oramos para que fuera liberada de la maldición de la idolatría y para que sus ojos se sanaran.

Es muy triste que muchas personas elijan la maldición y rechacen la bendición. Es fácil ser capturado y presa del valor de un objeto maldito o estar atado a ese objeto por lazos sentimentales.

Jesús nos enseñó que los que le siguen deben pagar el precio. ¿Cuán decididos estamos a obedecer al Señor? Tener que ceder las posesiones materiales, como condición para ser libres de las maldiciones, con toda certeza esto pondrá a prueba nuestra sinceridad.

5

Palabras
de
maldición

Los problemas de la vida son como los árboles
que tienen raíces. Descubrimos con suma frecuencia, cada vez más, que los problemas tienen sus
raíces en maldiciones; maldiciones que se originan
en los pecados de nuestros antepasados, maldiciones que tienen su base en nuestras transgresiones
personales a los mandamientos de Dios, maldiciones por actos de hechicería y maldiciones que se
generan por palabras habladas con el deseo de
hacer o atraer el mal.

La Biblia dice: *"La muerte y la vida están en
poder de la lengua"* (Proverbios 18:21). Es decir, las
palabras tienen poder para bendecir o para maldecir. Jesús dijo a una higuera: *"Nunca jamás coma
nadie fruto de ti"* (Marcos 11:14) y a la mañana

siguiente el árbol se había secado de raíz. En otra ocasión Jesús pronunció estas palabras: *"¡Lázaro, ven fuera!"* (Juan 11:43), y un hombre que había estado muerto durante cuatro días, salió caminando de su tumba. El poder de la muerte y la vida estaban en la lengua del Señor. También la muerte y la vida están en poder de nuestras lenguas. Cada vez que hablamos, ministramos, ya sea para maldecir o para bendecir, para destruir o para edificar.

El habla es una antorcha encendida. Se puede usar para prender la lámpara del testimonio entre los cristianos o para iniciar un incendio forestal que sólo trae destrucción.

"5Así también la lengua es un pequeño miembro del cuerpo, pero se jacta de grandes hazañas. Consideren cuán grandes bosques pueden ser incendiados por una pequeña chispa. 6También la lengua es un fuego; y como un mundo de iniquidad entre los miembros del cuerpo. Echa a perder a la persona entera, prende fuego a todo el curso de su vida, Y ELLA MISMA ES INCENDIADA POR EL INFIERNO 8pero nadie puede domar su lengua. Es un mal siempre en movimiento y lleno de veneno mortal. 9Con la lengua bendecimos a nuestro Señor y Padre, y con ella maldecimos a los hombres, que han sido hechos a imagen de Dios. 10De la misma boca salen la maldición y la bendición. Esto, hermanos míos, no debería ser así"

Santiago 3:5-6, 8-10.
Nueva Versión Internacional.

Al tratar con las palabras de maldición debemos considerar:

1) Las palabras de maldad que otros han pronunciado contra nosotros.

2) Las palabras perversas que hayamos dicho contra los demás.

3) Las malas palabras que hemos hablado contra nosotros mismos.

Cuando Hablamos Mal Contra Otros

Las malas palabras pueden producir maldiciones, no sólo cuando se dicen con toda maldad, sino también cuando se pronuncian con descuido. Esta es una de las razones por las que debemos aprender a disciplinar nuestra lengua, por una parte y por la otra, aprender a romper el poder de las palabras que dicen mal de nosotros.

Cuando hablamos mal de los demás los maldecimos. La Palabra de Dios nos ordena bendecir en lugar de maldecir (Romanos 12:14). Por tanto, maldecir a otros trae una maldición sobre uno mismo. La desobediencia al mandamiento de Dios de no maldecir a los demás, traerá una maldición, según se puede deducir del estudio de Deuteronomio 27:26.

Nos preocupa muchísimo de varios maestros y pastores que defienden maldecir a los otros y devolver una maldición sobre quien nos maldiga. Jesús enseñó de manera muy distinta:

"Pero yo os digo: Amad a vuestros enemigos, BENDECID A LOS QUE OS MALDICEN, haced bien a los que os aborrecen, y orad por los que os ultrajan y os persiguen"

Mateo 5:44.

Es algo muy serio, por decir lo menos, que cada uno de nosotros ha de dar cuenta de todas sus palabras en el día del juicio.

*"Mas yo os digo que de toda palabra
ociosa que hablen los hombres, de ella da-
rán cuenta en el día del juicio"*

Mateo 12:36.

En griego el término "agros" (agroz) significa
palabras sin fruto, sin provecho, estériles, vacías.
El apóstol usa este mismo fonema para expresar
falta de efectividad; es decir, palabras inútiles, sin
provecho, sin las respectivas obras de fe (2 Pedro
1:8).

¿Quién de nosotros no ha hablado cosas que
después deseamos no haber dicho? Las palabras,
luego que salen de nuestros labios, están más allá
de toda recuperación posible. Por tanto, sólo nos
queda un recurso: *"vencer el mal con el bien"* y
bendecir a quienes una vez maldijimos. En este
mismo instante sería de mucho provecho, hacer
una pausa y bendecir a todos aquellos sobre quienes hayamos puesto maldiciones.

Con demasiada frecuencia las maldiciones de
otros se producen dentro de la propia familia. Hay
padres que maldicen a sus hijos con expresiones
como: "No sirves para nada, nunca lograrás nada,
eres un bruto", o referencias similares. Tales niños
crecerán y serán fracasos vivos, sin jamás tener
éxito en la vida, debido a las confesiones negativas
con las que sus padres les marcaron para siempre.
Son niños malditos.

Los hijos maldicen a sus padres cuando les
manifiestan y expresan irrespeto, desdeño, des-
honra, impertinencia, murmuración, y acusaciones.

Los esposos y las esposas se maldicen unos
a otros cuando se critican, se insultan y se conde-
nan, en lugar de mostrarse amor y respeto mutuo.
Deberían darse cuenta que han venido a ser "una

sola carne". Decir y hablar mal del cónyuge, es igual a decir y hablar mal de uno mismo. Los lazos matrimoniales se debilitan y se establecen maldiciones cuando uno de los cónyuges habla o dice cosas malas del otro. Existe mucha inconsistencia en que la fuente del interior *"eche por una misma abertura agua dulce y amarga"* (Santiago 3:11). Un pastor, por ejemplo, es un hipócrita si habla palabras de vida en la iglesia, pero emite maldiciones y muerte sobre su familia en su hogar.

Cuando los demás hablan mal contra nosotros

Supongamos que alguien haya hablado o siga hablando mal de nosotros, mal del que no tenemos conciencia. ¿Somos responsables de salirnos, por así decir en forma rutinaria, de todas las maldiciones desconocidas puestas sobre nuestras existencias? Si seguimos esta línea de pensamiento, rápidamente nos volveremos paranoicos; vamos a estar controlados por el temor que otros conspiren en secreto en contra nuestra o que pongan en práctica alguna cosa mala contra nosotros.

Es de una grande importancia que entendamos un principio bíblico básico. Los demonios no pueden entrar en un creyente cuando quieran; deben tener un derecho legal es decir, una puerta de entrada que les proporcione la oportunidad de hacerlo. Además, los demonios son los que les dan fuerza a las maldiciones. Por tanto, nadie nos puede poner una maldición (un demonio) a menos que haya una puerta abierta en nuestras propias vidas. Por esto, con toda razón, dice la Santa Biblia:

"Como el gorrión en su vagar, y como la golondrina en su vuelo, así la maldición nunca vendrá sin causa"

Proverbios 26:2.

Cuando se cumplen las condiciones de Dios, ningún demonio tiene derecho a levantarse ni a permanecer en un creyente. Se puede y se debe expulsar con toda rapidez en el nombre de Jesús.

El rey Balac, que gobernaba sobre los moabitas, buscó al profeta Balaam para que maldijera a Israel. Balac había visto todo cuanto los ejércitos de Israel habían hecho a los pueblos que le eran vecinos, y buscó protección para sí y para su reino por medio de la hechicería. Aunque Balaam recibió la recompensa que el rey Balac le ofrecía, fue incapaz de maldecir al pueblo de Dios y tuvo que lamentarse así:

"¿Por qué maldeciré yo al que Dios no maldijo? ¿Y cómo he de execrar al que Jehová no ha execrado?"   Números 23:8.

¡Alabado sea Dios! Todo aquel que sea bendecido por Dios no puede recibir maldiciones mediante los poderes de la hechicería.

Nuestra protección no se encuentra en denunciar toda supuesta maldición que los demás hayan dicho contra nosotros. Nuestra protección se halla en andar con rectitud ante el Señor. Balaam no pudo maldecir a Israel porque la nación andaba en obediencia a Dios. No hubo ninguna causa –ningún terreno– para que ni una sola maldición pudiera posarse. Cuando usamos toda la armadura de Dios, nos encontramos protegidos de todos los males y maleficios que los hombres conspiren contra nosotros. Continua y constantemente debemos estar ceñidos con la verdad, la justicia, la rectitud, la fe, la Palabra de Dios, la esperanza de la salvación y la presteza para proclamar y declarar el evangelio de la paz. Para ponerse cada una de las piezas de la armadura son indispensables la disciplina y la diligencia espirituales.

Supongamos que alguien oye que una persona habla mal en contra de él o sabe por medio de un tercero que otros han dicho maldiciones en su contra. ¿Qué hará? ¿Debe tener la responsabilidad de denunciar esas palabras? Una explicación puede ser la siguiente:

Las finanzas de nuestro ministerio no fluían, y no podíamos localizar el origen del problema. Nos pusimos en contacto con otros dos ministros de liberación y supimos que ellos también estaban en estrecheces económicas. Mientras hablábamos y orábamos juntos sobre nuestras situaciones, el Señor nos recordó de cierto individuo, sobre quien teníamos información confiable, que había pronunciado maldiciones y que hasta se atrevió a orar contra nuestros ministerios. El Espíritu Santo también nos trajo a la memoria que en nuestras bibliotecas había libros escritos por esa persona que nos los había obsequiado antes de hablar mal contra nosotros. Tales libros eran los puntos de contacto que permitían a las maldiciones de hechicería obrar contra nuestros respectivos ministerios.

El Espíritu Santo nos dirigió a hacer varias cosas: primero, destruir los libros, luego, manifestar nuestro perdón a ese autor; después, pedir al Señor que lo bendijera y por último, declarar rota la maldición. Confesamos las bendiciones de Dios y ordenamos, en el nombre de Jesús, que todo demonio de maldición saliera de nuestras finanzas. En el curso de pocas semanas todos los tres ministerios una vez más gozaban de las bendiciones de la bonanza financiera.

La Santa Biblia en Números 30 nos da leyes relativas a los votos. Al esposo o al padre de un hogar se les encarga tomar acciones definidas con respecto de los votos que pronuncien la esposa o las hijas solteras. Si ellos, como cabezas de familia, oyen cualquier voto necio, pueden liberar a las mujeres y prohibirles que hagan efectivo el voto. Sin embargo, si no dicen nada, el voto permanece y la esposa o las hijas quedan atadas por sus palabras.

Este pasaje establece principios espirituales. Quien tiene autoridad espiritual debe gobernar sobre todo lo que se hable dentro de la familia. Tiene potestad y autoridad para anular las cosas necias que se dicen. Si se descuida el uso de esta autoridad, se permite que las palabras retengan todo su poder.

Las malas palabras permanecerán si no se las reta. Por tanto, cuando sepamos que se han pronunciado maldiciones en contra nuestra, tenemos la responsabilidad de desalojar todas esas palabras perversas y romper su poder, Frank experimentó lo siguiente:

Era la última noche de una serie de conferencias sobre liberación en Philadelphia, Pennsylvania. El servicio de alabanza estaba en pleno progreso, y me encontraba sentado en la fila delantera. De pronto el Espíritu Santo me dijo: "Se aproxima una confrontación". Tan pronto como volví la cabeza para mirar alrededor, un hombre comenzó a caminar hacia mí y me dijo: "Tengo un mensaje de Dios. Eres un falso profeta y el Señor te ha juzgado, morirás e irás al infierno". Afortunadamente el Espíritu Santo me advirtió con anticipación. En tanto que el hombre todavía hablaba, comencé a renunciar a sus palabras. Mientras movía el brazo como un jugador de béisbol, dije con énfasis: "Usted no viene de parte de Dios. No acepto lo que me dice y rompo todo el poder de esas palabras". Abruptamente el hombre se volvió y caminó hacia el exterior. Observé cómo se reunió con una mujer que le acompañaba y los dos abandonaron el lugar de la conferencia. Más tarde supimos que este hombre y su esposa habían hecho lo mismo con otros ministros de visita en Philadelphia. Mi acción decisiva al romper las palabras malas dichas contra mí, es un ejemplo de cómo se debe tomar una autoridad bien definida sobre las frases que alguien pronuncia en contra de uno.

Ida Mae tuvo también una experiencia que le ocurrió muy poco después de un avivamiento espiritual, cuando aprendíamos a oír y a obrar según las advertencias del Espíritu Santo Ida Mae recuerda:

Se me atacó públicamente por medio de una confrontación donde se pronunciaron malas palabras en mi contra. El Espíritu me preparó con anterioridad, aunque en un principio no lo percibí. Todo un día el Espíritu Santo me llevó a leer y releer Hechos 28:1-16, que se refiere al naufragio del barco donde viajaba Pablo. El apóstol y quienes le acompañaban llegaron salvos a tierra. Hacía mucho frío, llovía a torrentes y los naturales de la isla encendieron una hoguera para que los náufragos se calentaran. De todo el pasaje me llamó la atención esta parte:

"Entonces, habiendo recogido Pablo una ramas secas, las echó al fuego; y una víbora, huyendo del calor se le prendió en la mano" Hechos 28:3.

El Señor me llevó a interpretar las ramas secas como la carne del ser humano. El fuego me habló del juicio de Dios. El calor del fuego (la

unción del Espíritu Santo) hizo que la víbora (los
poderes demoníacos) salieran (de la carne del hombre) y se prendieran de la mano de Pablo (su
ministerio). Cuando las personas que rodeaban a
Pablo vieron que la víbora colgaba de la mano del
apóstol, dudaron de su integridad. Sin embargo,
Pablo validó completamente su ministerio, pues
sacudió al reptil en el fuego sin que él sufriera
ningún daño.

Esa noche, para mi sorpresa, el propósito del
Espíritu Santo en tenerme saturada con esos ver-
sículos particulares, salió a luz en una reunión de
compañerismo que tenía lugar en casa de unos
hermanos en Cristo. Una señora de las allí presen-
tes me atacó con palabras que eran una cantidad
de acusaciones. Aunque al principio esto me afec-
tó, el Espíritu Santo me ordenó permanecer en
calma y dejar que ella terminara cuanto iba a decir.
Esta confrontación fue la representación de todo
cuanto había estado meditando en el curso del día.
Por medio de la carne, los poderes demoníacos se
habían prendido a la "mano de mi ministerio", pero
esos poderes iban a ser juzgados.

Cuando esta señora terminó sus acusaciones, confiadamente me puse de pie y compartí con
el grupo el relato del naufragio de Pablo. Luego,
con todo vigor, sacudí mi mano derecha para echar
de manera simbólica la víbora al fuego del juicio.
Así rompí la maldición de esas palabras y jamás
tuvieron efectos emocionales sobre mí. Mi espíritu
se mantuvo libre y claro, y en la mañana siguiente
pude recibir la profunda revelación de las fuerzas
demoníacas de la esquizofrenia que me habían
atacado la noche anterior.*

---

* Esta revelación sobre la esquizofrenia se encuentra en las pp.144-154 del
  libro *"Cerdos En La Sala"*, Libros Desafío, Santafé de Bogotá, Colombia,
  1984.

Cuando Uno Habla Mal Contra Sí Mismo

"Te has enlazado en las palabras de tu boca, y has quedado preso en los dichos de tus labios" Proverbios 6:2.

La palabra hebrea y a q o s h, que se tradujo "preso" significa llevar a la ruina o la destrucción, como cuando a las aves se les captura en una red.

Rebeca, la esposa de Isaac, quedó presa en las palabras de su boca. Había conspirado con su hijo Jacob para engañar a Isaac a fin de robar al hijo mayor, Esaú, la bendición del padre. Jacob temía que se descubriera el engaño y el anciano Isaac lo maldijera en lugar de bendecirlo. Por esto, Rebeca declaró:

"Hijo mío, sea sobre mí tu maldición"
Génesis 27:13.

Y resulta que la maldición le vino y en efecto, nunca volvió a ver a su hijo, pues murió prematuramente.

Otro ejemplo verdaderamente poderoso de maldiciones habladas en las Escrituras, se encuentra nada menos que en la maldición que se pronunció sobre la totalidad de la raza judía:

"[24]Viendo Pilato que nada adelantaba, sino que se hacía más alboroto, tomó agua y se lavó las manos delante del pueblo, diciendo: Inocente soy yo de la sangre de este justo; allá vosotros. [25]Y respondiendo todo el pueblo dijo: SU SANGRE SEA SOBRE NOSOTROS Y SOBRE NUESTROS HIJOS"
Mateo 27:24-25.

Jamás ha habido un pueblo más perseguido en toda la faz de la tierra que los hebreos. El antisemitismo es ferozmente diabólico. En los campos de concentración de Hitler, durante la Segunda Guerra Mundial, murieron más de seis millones de judíos. En nuestros viajes visitamos dos de esos notables campos de muerte: Auschwitz y Dachau. Mientras permanecíamos en las cámaras de gases donde a miles se les exterminó con cianuro, y contemplábamos los hornos donde se incineraban sus cuerpos, temblábamos de asombro al pensar que pudieran haber sucedido tales atrocidades. Las crueldades impuestas a los judíos están más allá de toda comprensión, pero se había pronunciado una maldición cuando Jesús estaba de pie ante Pilato: *"SU SANGRE SEA SOBRE NOSOTROS Y SOBRE NUESTROS HIJOS"*. ¡La maldición sigue su curso!

Muchos miembros del Cuerpo de Cristo, el pueblo de Dios, se maravillan sobre su propio desierto personal. Sus vidas no van a ninguna parte. Son como los hijos de Israel en el desierto de Sin, donde hacían círculos alrededor del Monte Sinaí. Como murmuran y se quejan contra Dios —contra los líderes puestos por Dios, contra el sitio donde El los ha puesto, contra todo cuanto El ha provisto para ellos— el Altísimo pondrá sobre cualquiera una maldición de desierto, como pasó con los israelitas. En efecto, Dios habló así:

> *"27¿Hasta cuándo oiré esta depravada multitud que murmura contra mí, las querellas de los hijos de Israel, que de mí se quejan? 28Diles: Vivo yo, dice Jehová, que según habéis hablado a mis oídos, así haré yo con vosotros"*   Números 14:27-28.

Y vagaron cuarenta años, sin poner jamás el pie en la tierra prometida de Canaán. Los esqueletos de todos los de veinte años y más cayeron en el desierto. ¿Por qué sucedió esto? Cuando se les confrontó con el desafío de la guerra, que era el plan de Dios para hacerlos entrar en su herencia,

"se quejaron contra Moisés y contra Aarón todos los hijos de Israel; y les dijo toda la multitud: ¡Ojalá muriéramos en la tierra de Egipto; o en este desierto ojala muriéramos!"   Números 14:2.

Hablaron una maldición contra sí mismos, quedaron presos por sus corazones quejosos y por sus palabras murmuradoras. Por medio de ellos, Dios nos advierte hoy:

"[10]Ni murmuréis, como algunos de ellos murmuraron, y perecieron por el destructor. [11]Y estas cosas les acontecieron como ejemplo, y están escritas para amonestarnos a nosotros, a quienes han alcanzado los fines de los siglos"   1 Corintios 10:10-11.

Juramentos

¿Qué acerca de los juramentos o votos que se hacen cuando las personas se unen a logias, fraternidades o hermandades? Jesús amonestó: *"No juréis en ninguna manera"* (Mateo 5:34). *La Biblia Ampliada* traduce esta frase así: "No os atéis en ninguna manera con juramentos" Además, muchos aspectos en los juramentos de las organizaciones humanas son impíos. Igualmente en la Biblia se lee:

"Pero sobre todo, hermanos míos, no juréis, ni por el cielo, ni por la tierra, NI POR NINGUN OTRO JURAMENTO; sino que vuestro sí sea sí, y vuestro no sea no, PARA QUE NO CAIGAIS EN CONDENACION"

Santiago 5:12.

Masonería

La logia masónica pide a todos los que se unen a ella pronunciar un juramento. El iniciado debe jurar bajo amenazas de muerte no divulgar los secretos de la logia, y debe decir que:

"Sin la menor equivocación, reserva mental, o autoevasión de mi mente, cualquiera que sea, me ato bajo una pena que consiste en que se me corte la garganta, que se me arranque la lengua de raíz y que mi cuerpo sea enterrado en las arenas del mar, donde la marea fluya cada 24 horas. Así me ayude Dios y me mantenga firme en el debido cumplimiento de esta promesa".

A fin de ser liberados de las maldiciones de la masonería, según nuestra experiencia, no solamente se debe confesar que pecó al hacer ese juramento, sino también se deben destruir todos los elementos que pertenezcan a la logia: anillos, delantales, libros, etc. Si se guarda cualquier objeto, los demonios de la maldición tienen un derecho legal sobre la vida de la persona.

La masonería, y todas sus ramas básicamente son malas. Es una religión sin sangre. Aunque hay cierto énfasis sobre las Escrituras, se omite la sangre de Cristo. Por tanto, es una abominación para con Dios y pone a sus adherentes bajo maldición.

Fraternidades

Las fraternidades son organizaciones que habitualmente se asocian con colegios y universidades. Se organizan alrededor de ciertos juramentos o votos, y por regla general son secretas en lo referente a su iniciación y rituales. "Casi todas las fraternidades sociales comenzaron como semise-

cretas, posiblemente para imitar a la masonería".
[*Academic American Encyclopedia* (1989). Grolier,
Inc., Danbury, CT. Vol. 8, p.288.]

Varias personas han compartido con nosotros
sus compromisos en fraternidades. Testifican de su
necesidad de ser libres de las maldiciones de idolatría, control, temor, rechazo y ligaduras de alma.

Un hombre que perteneció a una fraternidad
comparó la circunstancia de convertirse en un
miembro de la fraternidad como una falsificación de
la experiencia del nuevo nacimiento. Esta imitación
comprendía derramamiento de sangre. La "primera
persona en la línea" (el líder) practicaba la bestialidad con un ave (ganso) y luego lo sacrificaba.

A este iniciado se le golpeó continuamente
durante varias horas, y a esto se le llamó "cruzar
por la arena ardiente". Luego se le ordenó arrodi-
llarse ante las letras griegas de la fraternidad y
repetir el voto de la fraternidad.

Afirmó: "Los miembros nuevos de la fraternidad se convertían en esclavos de los líderes y se les
obligaba a conseguirles alcohol, drogas y mujeres.
Había gran cantidad de fornicación. No puedo
repetir cuán malo era todo eso". (Testimonio personal, Chicago, IL).

Ciertamente, no todas las fraternidades son
tan pervertidas como esta que nuestro amigo ha
descrito, pero algunas lo son. "Las fraternidades
se han tildado de ser esnobistas, discriminatorias
y poco sabias en sus políticas de iniciación".*

Los juramentos están prohibidos por la Palabra de Dios y los votos que exigen las fraternidades
atan a sus miembros en ligaduras de alma con
gentes impías y en alianza a otros dioses. Una

---

* Colliers Encyclopedia (1984) P.F. Collier, Inc., New York, Vol. 10, p.336.

joven que fue miembro de una hermandad nos
relató el siguiente testimonio:

"Hice un juramento a la organización de la
hermandad jurando sobre la Santa Biblia. Hice un
pacto con la hermandad y formé una ligadura de
alma impía con la organización, donde mi alma
(mente, emociones y voluntad) se comprometía con
la hermandad. No tenía conciencia de la idolatría
cuando hice este compromiso. Tuve que hacer un
voto verbal y escrito a otro dios".

*"¿Y qué acuerdo hay entre el templo de
Dios y los ídolos? Porque vosotros sois el
templo del Dios viviente, como Dios dijo:
Habitaré y andaré entre ellos, y seré su Dios
y ellos serán mi pueblo"*

2 Corintios 6:16.

"Asimismo, la Biblia dice:

*"No os unáis en yugo desigual con los
incrédulos; porque ¿qué compañerismo tiene la justicia con la injusticia? ¿Y qué comu-
nión la luz con las tinieblas?"*

2 Corintios 6:14.

"Hice un yugo desigual con la hermandad por
medio de mis votos y mi juramento...Hice amigos
con el mundo y otros dioses. Y la amistad con el
mundo es enemistad contra Dios, como dice Santiago 4:4".

"Le doy gracias a Dios que una vez más mis
ojos se abrieron a la verdad; la verdad me hizo libre.
Me arrepentí ante Dios y le pedí perdón por haber
puesto otros dioses delante de El. Renuncié a todo
compromiso con la hermandad. Me separé de esa
organización, en cumplimiento de lo que dice la
Santa Biblia":

*"Salid de en medio de ellos, y apartaos,
dice el Señor, y no toquéis lo inmundo; y yo
os recibiré"* 2 Corintios 6:17.

"Destruí todos los elementos, artefactos, y los
rituales de la hermandad. Recibí liberación de las
ataduras impías de alma de la idolatría y del
rechazo. El Señor me limpió del pecado de la
idolatría. Las maldiciones sobre mi vida fueron
rotas y Dios me ha hecho andar, no bajo la maldición, sino en libertad por medio de la sangre de
Jesús" (Testimonio personal, Chicago, IL.)

El Juramento Hipocrático

El juramento hipocrático, todavía se usa en
las ceremonias de grado de muchas escuelas de
Medicina y se exhibe en las paredes de los consul-
torios de muchos médicos. Es un código ético
atribuido al antiguo médico griego Hipócrates. A
Hipócrates se le considera tradicionalmente, como
el "Padre de la Medicina". Los estándares éticos
contenidos en el juramento son recomendables;
sin embargo, ES un juramento y Jesús dijo: *"No os
atéis en ninguna manera con juramentos"* (Mateo
5:34. Biblia Ampliada).

Además, el juramento se basa en la idolatría
pues se jura por ciertos dioses griegos. A continuación se incluye el comienzo de juramento hipocrático. Juzguen ustedes mismos:

"Juro por Apolo el Médico y por Esculapio y
por Hygeia y por todos los que curan y por todos
los dioses y diosas que de acuerdo con mi capacidad y mi juicio mantendré este juramento y estas
declaraciones"

Apolo viene del término griego *apollynai* que
significa "destruir"; y esta palabra tiene la misma
raíz para Apolión (Apocalipsis 9:11), en referencia

al diablo o satanás, el ángel del abismo sin fin. En la mitología griega y romana, Apolo es el dios de los arqueros, la profecía, la medicina, la poesía y la música. Siempre se le representó como el tipo más alto de belleza y gracia masculinas, después se le identificó con Helios el dios sol.

En la mitología Esculapio es el dios de la medicina y es el hijo de Apolo en la ninfa Coronis.

¿Qué dice Dios respecto de jurar por otros dioses?

"Y todo lo que os he dicho, guardadlo. Y NOMBRE DE OTROS DIOSES NO MENTA-REIS, NI SE OIRA DE VUESTRA BOCA"

Exodo 23:13.

"para que no os mezcléis con estas naciones que han quedado con vosotros, NI HAGAIS MENCION NI JUREIS POR EL NOMBRE DE SUS DIOSES, ni los sirváis, ni os inclinéis a ellos"

Josué 23:7.

Un médico joven compartió con nosotros la ceremonia de graduación de su grupo en la Facultad de Medicina, donde se pidió a los médicos repetir el juramento hipocrático. Estaba agradecido porque se hizo en una ceremonia común donde todos repetían el juramento juntos. Eso le dio a él la oportunidad de interponer el nombre de Jesús, mientras los otros decían los nombres de Apolo y Esculapio.

Los médicos que han pronunciado el juramento hipocrático, y que ahora andan en la luz, se deben arrepentir del pecado de haber hecho sus votos a dioses falsos, deben solicitar el perdón de Dios, deben renunciar a estos dioses de Grecia y de Roma, y claro está, destruir todas las copias del juramento que posean y recibir liberación de los demonios de la maldición.

6

Maldiciones engendradas por la autoridad

Una y otra vez en las cartas de Pablo a las iglesias se leen estas palabras: "Sean a todos vosotros la gracia y la paz de Dios". El apóstol era como un padre espiritual para los destinatarios de sus misivas. Siempre los bendecía con tales palabras de gracia y de paz. Como quien posee la autoridad delegada de Dios, Pablo tenía el poder para bendecir y en forma sabia y consistente ejercitaba esa autoridad.

Implícita en la autoridad para bendecir, se halla asimismo la autoridad para maldecir. Las dos no se pueden separar, como tampoco se pueden separar las dos caras de una moneda. Es una responsabilidad tremenda ser depositario de la autoridad delegada de Dios, pues la misma autoridad que hace efectiva una bendición, también hace efectiva una maldición. Por tanto, a todos los que estén en autoridad, se les juzgará con mucho más rigor (Santiago 3:1).

Toda autoridad viene de Dios, y El eligió ejercer su dirección mediante el hecho de delegar su autoridad a los hombres y a los ángeles. La Palabra de Dios declara:

"Sométase toda persona a las autoridades superiores; PORQUE NO HAY AUTORIDAD SINO DE PARTE DE DIOS, y las que hay, por Dios han sido establecidas"
Romanos 13:1.

Las autoridades delegadas incluyen reyes, todos los magistrados civiles, las fuerzas militares, los alcaldes, los jueces, los maestros y profesores, los esposos, los padres, y los líderes de las iglesias (pastores, ancianos rabinos, obispos, ministros, sacerdotes). Una autoridad puede bendecir con su rectitud o maldecir por la ausencia de ésta. Por esto, con todo derecho, la Santa Biblia dice:

"Cuando los justos dominan, el pueblo se alegra; mas cuando domina el impío, el pueblo gime"   Proverbios 29:2.

Si se lee la sucesión de reyes que gobernaron a Judá, encontraremos algunos que anduvieron en los caminos del Señor, mientras que otros fueron perversos y se apartaron de Dios. En cambio, parece que los reyes de Israel (Samaria) fueron todos malos. Las naciones se han de comportar de acuerdo con la condición espiritual de sus gobernantes.

Por ejemplo, en el caso del rey Josafat:

"³...humilló su rostro para consultar a Jehová...³⁰...el reino de Josafat tuvo paz, porque Dios le dio paz por todas partes"
2 Crónicas 20:3, 30.

Luego, su hijo Joram llegó al trono de Judá. Joram se había casado con la hija del malvado y débil rey Acab y:

"...anduvo en el camino de los reyes de Israel, como hizo la casa de Acab; porque tenía por mujer a la hija de Acab, e hizo lo malo ante los ojos de Jehová"
2 Crónicas 21:6.

Joram se convirtió en el asesino de todos sus hermanos para proteger su trono y levantó altares para que el pueblo adorara a los ídolos. Por tanto, los elementos de su reino se levantaron contra él y una tremenda peste de parte de Dios cayó sobre el pueblo. El propio Joram sufrió la maldición de una enfermedad incurable de los intestinos y murió en medio de grandes sufrimientos y terribles dolores.

Después fue rey Ocozías, quien tuvo como consejera a su madre, la perversa Atalía. Toda la nación estaba inquieta, sin paz, hasta cuando Ocozías fue muerto por Jehú, el hombre a quien el mismo Dios había designado por medio de sus profetas Elías y Eliseo, para ejecutar sus juicios. Atalía también murió y:

"...se regocijó todo el pueblo del país; y la ciudad estuvo tranquila, después que mataron a Atalía a filo de espada"
2 Crónicas 23:21.

Cuando un gobernante cede al llamamiento de Dios y permite que le guíe la sabiduría divina, será una bendición. En cambio, cuando se aparta de los consejos de Dios, será una maldición, pues su influencia y sus juicios, serán injustos y perversos.

En el libro de Proverbios, se personifica a la sabiduría la cual es Cristo. En el Nuevo Testamento se habla de Cristo y se dice de El: *"en quien están escondidos todos los tesoros de la sabiduría y del conocimiento"* (Colosenses 2:3).

Y la sabiduría afirma:

"¹⁴Conmigo están el consejo y el buen juicio; y soy la inteligencia; mío es el poder. ¹⁵Por mí reinan los reyes, y los príncipes determinan justicia. ¹⁶Por mí dominan los príncipes, y todos los gobernadores juzgan la tierra"   Proverbios 8:14-16.

Los gobernantes necios abren puertas espirituales para que quienes se hallan bajo su autoridad puedan ser víctimas de los ataques que se originan en los espíritus del mal. Así, un hombre que sea negligente e insensible a las necesidades de liderazgo piadoso que tiene su mujer, la hace vulnerable a la inseguridad con sus muchos temores. Un ministro que utilice tácticas de control para dominar y explotar a su congregación, expone a la gente a las potestades de la hechicería. Un jefe de gobierno cuyo estilo de vida sea inmoral y cuyas políticas sean antibíblicas, viene a ser un peligro para todo el país. De ahí porqué quienes se hallan en autoridad, a veces ponen a sus familias, iglesias y naciones bajo maldición.

A los creyentes se les estimula a orar por todos los que están en autoridad a fin de gozar las bendiciones de Dios.

"¹Exhorto ante todo a que se hagan rogativas, oraciones, peticiones y acciones de gracias, por todos los hombres; ²por los reyes y por todos los que están en eminencia,

> *para que vivamos quieta y reposadamente*
> *en toda piedad y honestidad"*
> 1 Timoteo 2:1-2.

De esta manera se nos instruye a orar por el Presidente de nuestra nación, su gabinete de ministros, los congresistas y los jueces de la patria. Si todos ellos toman decisiones y legislan sabiamente, con base en los principios de la Palabra de Dios, determinarán y fijarán la forma como Dios trata con el país, es decir, si ha de recibir bendiciones o maldiciones.

¿Qué pediríamos a Dios que haga cuando las autoridades sobre nosotros anden en desobediencia a los mandamientos divinos? Debemos pedir a Dios que envíe un profeta para que confronte a esos líderes. En las Escrituras encontramos que Dios mandó a sus profetas a fin de advertir a los malos. Miremos unos ejemplos:

Cuando el rey Joram, bajo la influencia de su esposa, hija de Acab, levantó lugares de adoración para los ídolos e *"hizo que los moradores de Jerusalén fornicasen tras ellos"* (2 Crónicas 21:11), el profeta Elías escribió una carta al rey donde le decía que como no había andado en los caminos rectos de su padre: *"he aquí Jehová herirá a tu pueblo con una gran plaga, y a tus hijos y a tus mujeres, y a todo cuanto tienes"* (2 Cr. 21:14).

Cuando los príncipes de Judá abandonaron la casa del Señor para servir a los ídolos, Dios *"...les envió profetas para que los volviesen a Jehová..."* (2 Crónicas 24:19). Pero los príncipes no oyeron a los profetas, por tanto, Dios hizo ir a los ejércitos de Siria contra ellos, y los sirios ejecutaron el juicio que Dios había decretado (2 Crónicas 24:17-25).

Cuando el rey Amasías acabó con todos los edomitas, se apoderó de sus ídolos y los convirtió en sus propios dioses. La ira del Señor se encendió contra Amasías, y le "envió un profeta" que sin temor alguno desafió la necedad del rey (2 Crónicas 25:14,15,27).

Recordemos también, que Dios mandó al profeta Samuel para confrontar al rebelde rey Saúl (1 Samuel 15:22-23), y envió asimismo a Juan el Bautista para reprender al rey Herodes *"...por todas las maldades que había hecho..."* y, sobre todo, por haber tomado la esposa de su hermano Felipe (Mateo 14:3-5; Lucas 3:19-20).

En consecuencia, cuando quiera que nos encontremos en una situación donde una autoridad sobre nosotros ande en contra de los caminos del Señor, debemos orar a Dios para que envíe un profeta que hable sobre esa situación. Entonces ese gobernante se ha de arrepentir o Dios lo quitará.

Maldiciones de los fundadores

Los cimientos de las organizaciones son un aspecto crucial de las maldiciones engendradas en la autoridad. Las figuras de la autoridad a veces hacen que las organizaciones lleguen a ser y a existir. Por tanto, debemos tener la suficiente sabiduría para preguntar: "¿Cuál es el fundamento de tal organización? ¿Qué hubo en la vida del fundador? ¿Había algo imperfecto o torcido cuando se puso el cimiento?"

Todo lo que se construye sobre un cimiento, afecta el cimiento mismo. El principio de las maldiciones que vienen desde los padres fundadores es tan antiguo como la raza humana. Adán fue el primer hombre. Toda la raza humana tiene como su fundamento a Adán.

> *"¹²Por tanto, como el pecado entró en el mundo por un hombre, y por el pecado la muerte, así la muerte pasó a todos los hombres, por cuanto todos pecaron... ¹⁷Pues si por la transgresión de uno solo reinó la muerte, mucho más reinarán en vida por uno solo, Jesucristo, los que reciben la abundancia de la gracia y del don de la justicia"*
> Romanos 5:12,17.

Así como las maldiciones pasan en una familia de una generación a otra, pasan también por las generaciones de negocios, oficios, gobierno, iglesias locales y toda clase de empresas. Si las maldiciones por el pecado se encuentran en los líderes que fundaron alguna organización, pasarán a los sucesores. Por tanto, es de importancia vital examinar las raíces de todas las organizaciones con las que hayamos llegado a identificarnos.

Algunas iglesias comenzaron mal, bajo la dirección de líderes malos. Durante años hemos visto los altibajos de iglesias cuyo nacimiento se originó como una división de otras. Quienes organizaron la nueva iglesia estaban decididos a desafiar a la iglesia madre y a su pastor. Cada vez que la iglesia había comenzado a progresar, hubo conflictos entre el pastor (de hecho, ha habido una sucesión de pastores) y quienes se oponían a la autoridad. Tales iglesias están malditas.

Cuanto decimos sobre las maldiciones que pasan desde los fundadores, se ilustra en la profesión quiropráctica. Claro está que hay quiroprácticos cristianos que aman al Señor y se alarmarían en grado sumo ante la sugerencia de tener algún nexo con el ocultismo. Pero el fundador de esta profesión, D.D. Palmer, sí estuvo profundamente comprometido con lo oculto. En su propio testimonio escrito dice que fue un sanador que usó las influencias magnéticas durante nueve años antes de descubrir los principios que se hallan en los métodos quiroprácticos.

Por medio de las sanidades magnéticas y de las técnicas quiroprácticas, Palmer intentaba ajustar el "poder innato" o flujo vital existente, dentro del organismo. Los antiguos chinos denominaban "chí" (pronúnciese "ki") a este flujo. La medicina china enseña que las enfermedades aparecen cuando el flujo del chí está en exceso o se restringe o se bloquea en áreas particulares del cuerpo y de esta manera se produce un desequilibrio entre el yin y el yang. Se dice que la sanidad tiene lugar cuando se regula el flujo del chí y se restablece el equilibrio entre el yin y el yang. Los practicantes del ocultismo han empleado diversas técnicas para regular el chí, a saber: acupuntura (agujas que se insertan en partes estratégicas del cuerpo) acupresión (las agujas se reemplazan con presiones de los dedos); mioterapia (manipulación de "puntos claves o gatillos" en el cuerpo); orgonomía (manejo de orgasmo sexual); reflexología (puntos de presión sobre manos y pies); poder magnético (imanes que se pasan sobre el cuerpo) y aplicaciones herbales.

La siguiente cita se ha tomado del Capítulo 11 del Texto de Quiropraxis de Palmer, (hoy todavía en uso en las universidades donde se enseñan técnicas quiroprácticas), *"El poder interior habla"*.

Nosotros los quiroprácticos trabajamos con la sustancia sutil del alma. Liberamos los impulsos presos, el diminuto arroyuelo de fuerza que emana de la mente y fluye sobre los nervios a las células y en ellos les excita a la vida. Tratamos con el poder mágico que transforma el alimento común en arcilla viviente, amorosa y pensante que cubre la tierra con belleza, y tiñe y aromatiza las flores con la gloria del aire. En el tiempo distante, oscuro y tenue, cuando el sol se inclinó primero ante la estrella de la mañana, este poder habló y hubo vida; avivó el lodo del mar y el polvo de la tierra y dirigió la célula a unirse con sus compañeras en incontables formas vivientes. A través de los eones del tiempo, dio aletas a los peces, y a las aves dio alas y colmillos a las bestias. Trabajó incansablemente e hizo evolucionar sus formas hasta producir la corona de gloria de todas ellas. Con indomable energía sopla las burbujas de cada vida individual y luego, silenciosamente, de manera deliberada, disuelve la forma y absorbe otra vez el espíritu en sí mismo. Y preguntas ¿puede el quiropráctico curar la apendicitis o el resfriado? ¿Tienes más fe en un bisturí o en una cucharada de cualquier medicamento que en el poder innato que anima al mundo viviente interior?

Por decir lo menos, D.D. Palmer fue un franco practicante del ocultismo, panteísta y evolucionista. Todo este mal se halla en las raíces de la quiropraxis práctica que apadrinó. Varios quiroprácticos cristianos a quienes hemos consultado, nos dicen que no manipulan la fuerza de la vida, y que no siguen las enseñanzas de Palmer en este aspecto. ¡Maravilloso! Sin embargo, creemos que los quiroprácticos cristianos deben renunciar a toda asociación con las prácticas ocultistas de D.D. Palmer y con sus falsas doctrinas. Luego, deben romper con todas las maldiciones que han pasado a ellos por medio de D.D. Palmer y ser liberados de los demonios de tales maldiciones.

No hemos encontrado ningún problema con los aspectos de la terapia física de la quiropraxis. Estamos de acuerdo con un quiropráctico que escribió: "La investigación hecha por los científicos y por los médicos, prueba que la manipulación manual es una alternativa eficaz y a veces preferida a los tratamientos con ciertos compuestos medicamentosos".

Con todo, aún nos preocupa que cada día más y más quiroprácticos tomen y utilicen prácticas ocultistas de la Nueva Era como acupuntura, acupresión y reflexología. Es comprensible que los quiroprácticos estén tan dispuestos a adoptar las técnicas ocultistas de la Nueva Era, pues esos métodos están en alianza con los que exploró el fundador de la quiropraxis. Tanto quienes lo llevan a la práctica, como sus clientes, se ponen bajo una maldición con el empleo de las técnicas ocultistas.

Frank reiata su propia experiencia con un quiropráctico en 1977:

Una molestia de la espalda se convirtió en un ataque agudo de ciática, condición muy dolorosa en la cadera y en la base del muslo. Durante un mes no pude sentarme ni acostarme sin experimentar un terrible dolor. Decidí ir a un quiropráctico y buscar la terapia física para aliviar la presión sobre el nervio ciático.

El procedimiento diagnóstico del quiropráctico incluyó pasar una sonda metálica alrededor de la superficie de uno de mis oídos. No pensé mucho en esto sino hasta cuando repitió el proceso en las dos visitas siguientes. Observé que la sonda estaba unida a un alambrito que se conectaba a una cajita negra. Ocasionalmente la cajita emitía un ligero zumbido eléctrico.

Por último pregunté: "¿Qué hace con mi oído? ¿Qué tiene eso que ver con el tratamiento para la ciática?" Me contestó: "Oh, permítame mostrarle lo que hago". Desenrolló un gran cuadro donde aparecía el dibujo de una oreja. Sobre la oreja se hallaba sobrepuesto el esquema de un embrión humano. Luego el quiropráctico me explicó: "Los antiguos chinos descubrieron hace miles de miles de años que la oreja tiene la forma de un embrión. Al poner la forma del embrión sobre el contorno de la oreja, sabemos que ciertos puntos de ella corresponden a determinados sitios del cuerpo. Hago el tratamiento de su ciática al aplicar una muy ligera descarga eléctrica en su oreja, sobre el lugar que corresponde a su cadera, y a la pierna. Este instrumento es además útil para el diagnóstico. Así me ha sido posible descubrir que también tiene usted un problema en los riñones y en consecuencia, también se lo trato".

Tan pronto como regresé a la casa, llamé al otro pastor de nuestra iglesia. Le dije: "Jimmy, necesito liberación". Jimmy quiso saber porqué pensaba que me era necesaria una liberación. Le respondí: "He estado comprometido con lo oculto. Me han tratado con acupuntura eléctrica". ¡Yo estaba en seriedad absoluta y completa!

Hemos descubierto que muchos miembros del pueblo de Dios inadvertidamente se han expuesto a las prácticas ocultistas de la Nueva Era, por medio de los quiroprácticos y de otras fuentes insospechadas. A algunas enfermeras se las entrena hoy en la "terapia digital o de toque" como una avenida del poder sanador. A las manicuristas y a los cosmetólogos sus colegas les enseñan acupresión. Esto se ha incorporado a sus textos de estudio. Sabemos de la propietaria de una tienda de alimentos naturistas que pide permiso para exa-

minar los ojos de sus clientes. Practica la iridolo-
gía, una forma de adivinación, que pretende diag-
nosticar los problemas de salud, tanto los actuales
como los futuros.

No decimos que todos los quiroprácticos, las
enfermeras y los cosmetólogos sean practicantes
de lo oculto. Sin embargo, afirmamos en alta voz y
con toda claridad, que las prácticas ocultistas de
la Nueva Era, invaden muchas profesiones, muchos servicios sociales y muchos negocios. Nos
exponemos más y más a las prácticas ocultas de
la Nueva Era en los lugares menos sospechosos o
menos pensados. Por todo esto, debemos oír y
hacer efectiva la Palabra de Dios:

> *"[15]Mirad, pues, con diligencia cómo an-*
> *déis, no como necios sino como sabios,*
> *[16]aprovechando bien el tiempo, porque los*
> *días son malos"* Efesios 5:15-16.

7

Maldiciones por brujería

Hay dos fuentes espirituales de poder; Dios y satanás. Los siervos del Dios Altísimo usan su autoridad espiritual delegada para bendecir a los demás y para derrotar el mal. Los emisarios de satanás emplean el poder de satanás para maldecir, controlar y hacer males. A este poder sobrenatural, maligno y perverso, se le conoce como brujería o hechicería.

La Palabra de Dios condena en forma absoluta todas las prácticas de la hechicería y las prohibe totalmente.

"¹⁰No sea hallado en ti quien haga pasar a su hijo o a su hija por el fuego, ni quien practique adivinación, ni agorero, ni sortílego, ni hechicero, ¹¹ni encantador, ni adivino, ni mago, ni quien consulte a los muertos.

¹²*Porque es abominación para con Jehová
cualquiera que hace estas cosas"*
                              Deuteronomio 18:10-12.

A los brujos o hechiceros o magos, se les
condenaba a muerte bajo la ley de Moisés (Levítico
20:27). La Palabra de Dios es enfática en condenar
a todo cuanto hoy se conoce con el nombre de "las
artes negras (mágicas)".

El control de los demás es otro objetivo de la
hechicería. El brujo, hechicero o mago, así como
quienes les siguen, intentan controlar a los otros
y esperan obtener algún provecho sobre sus seme-
jantes o sus compañeros. Este poder es real, pero
es el poder de satanás y su fin es ruina.

La historia de Israel registra las múltiples
ocasiones en que el pueblo de Dios ignoró a Dios y
se volvió a las tinieblas para buscar ayuda. Los
israelitas pensaban que los brujos les resolverían
las crisis. Dios reprendió y juzgó a Israel por
confiar en la hechicería:

*"¹⁹Y si os dijeren: Preguntad a los encan-
tadores y a los adivinos, que susurran hablando, responded: ¿No consultará el pueblo a su Dios? ¿Consultará a los muertos por
los vivos? ²⁰¡A la ley y al testimonio! Si no
dijeren conforme a esto, es porque no les ha
amanecido. ²¹Y pasarán por la tierra fatiga-
dos y hambrientos, y acontecerá que tenien-
do hambre, se enojarán y maldecirán a su
rey y a su Dios, levantando el rostro en alto"*
                              Isaías 8:19-21.

La hechicería se ha incrementado y extendido
de manera tremenda en nuestra nación y en todas
nuestras propias sociedades durante los últimos
años. La Palabra del Señor establece: *"el mundo
entero está bajo el maligno"* (1 Juan 5:19), pues *"el*

gran dragón, la serpiente antigua, que se llama diablo y satanás, el cual engaña al mundo entero" (Apocalipsis 12:9). Dios dijo que el diablo engañaría al mundo entero, y hemos visto el cumplimiento de esta porción de las Escrituras.

Los engaños del diablo también se infiltran en el Cuerpo de Cristo. La hechicería se disemina en muchas congregaciones locales por medio de las influencias de la Nueva Era. Hay una gran increíble cantidad de cristianos que se han vuelto a poderes distintos de los de Dios, en búsqueda de sanidad, guía y poder.

Una vez nos invitaron a ministrar en una iglesia de una pequeña ciudad de Texas. Antes de comenzar el servicio, notamos entre ocho y diez personas formadas en fila frente a un hombre que aparentemente les imponía las manos para sanarlas. Con enorme sorpresa nos dimos cuenta que este individuo practicaba la mioterapia que como se vio en las páginas anteriores, es una forma de acupresión. En efecto, presionaba con sus dedos las palmas de las manos de las personas, para curarlas. ¡Y esto tenía lugar de rutina en el pasillo de una congregación carismática! Los líderes de la iglesia habían sentido muchas inquietudes con esta práctica y quedaron bien informados y con un alivio muy grande, cuando la expusimos a la luz de la Palabra de Dios.

En el día de hoy nuestra carga por la Iglesia se expresa con la misma preocupación y nos podemos apropiar de las mismas palabras que tuvo Pablo con respecto a la iglesia de Corinto:

> *"Pero temo que como la serpiente con su astucia engañó a Eva, vuestros sentidos sean de alguna manera extraviados de la sincera fidelidad a Cristo"*
>
> 2 Corintios 11:3.

Los hechiceros emplean encantos, pociones, cocimientos de yerbas, y otras diversas y variadas artes mágicas para poner maldiciones sobre las personas. Hay muchos relatos, dignos de todo crédito, de gente que ha sufrido e inclusive ha muerto debido a las maldiciones de hechicería enviadas en su contra.

Un par de compañeros nuestros en el seminario fueron a Africa como misioneros. En su primera carta desde Africa esta pareja nos contaban su admiración ante los poderes de los médicos brujos para afligir a la gente con maldiciones. Habían visto cómo varios miembros del pueblo donde fijaron su lugar de trabajo, habían muerto por tales maldiciones. El entrenamiento del seminario no les había servido ni preparado en lo más mínimo para enfrentar de manera adecuada esas potestades y fuerzas espirituales tan malignas.

Hoy muchísimos cristianos consideran increíble que la hechicería pueda tener tales poderes. Ezequiel profetizó a las mujeres que efectuaban ciertas clases de brujería o vudú.

> "[18]¡Ay de aquellas que cosen vendas mágicas para todas las manos, y hacen velos mágicos para la cabeza de toda edad, para cazar las almas! ¿Habéis de cazar las almas de mi pueblo, para mantener así vuestra propia vida? [19]¿Y habéis de profanarme entre mi pueblo por puñados de cebada y por pedazos de pan, matando a las personas que no deben morir, y dando vida a las personas que no deben vivir, mintiendo a mi pueblo que escucha la mentira?"
>
> Ezequiel 13:18-19.

María necesitaba liberación y una pareja de nuestra iglesia nos la trajo. Era una persona muy nerviosa, llena de temores y de toda clase de problemas individuales y que sufría además de jaquecas muy severas. María había nacido en un pueblecito de los llanos de Apure, Venezuela, donde conoció y se casó con un norteamericano, empleado de una compañía petrolera que hacía exploraciones en esa zona de Venezuela.

En la sesión de consejería antes de la liberación supimos que María era una joven creyente en Cristo, cuya familia en Venezuela estaba muy comprometida con diversos aspectos de la hechicería. Ella, su hermana y la madre, en alguna oportunidad formaron un círculo mientras se tomaban de las manos e hicieron un pacto por el que se comprometieron a no separarse nunca. Cuando María acompañó a su esposo a los Estados Unidos, la madre y la hermana le echaron maldiciones por haber incumplido su voto. María nos informó que la madre mantenía varios animales vivos (lechuzas, tarántulas, murciélagos) como instrumentos para preparar sus maldiciones contra las personas.

Cuando ordenamos a los demonios que dejaran a María, se manifestó un espíritu de muerte que le cortó el aliento y su rostro se contorsionaba de una manera horrible y grotesca, a medida que los espíritus salían. La liberación de los demonios de hechicería con mucha frecuencia se acompaña de manifestaciones muy fuertes.

Estábamos muy agradecidos por la asistencia de María a nuestras reuniones de compañerismo donde comenzó a recibir enseñanzas que la ayudarían a mantener su liberación. Era una persona cambiada, inclusive las terribles jaquecas que tanto la habían atormentado, desaparecieron por completo, hasta el punto de suspender todos los medicamentos que antes utilizaba para aliviarse de esos espantosos dolores de cabeza. Los poderes de la hechicería quedaron derrotados.

James, un joven soldado, fue otra persona liberada de las maldiciones de la brujería. Le conocimos en una conferencia sobre liberación que dimos en una ciudad de California.

James había nacido en Jamaica. El mismo, así como su padre y su tío que eran nativos de Haití, se hallaban muy implicados en las prácticas de vudú. Luego, cuando James se hizo cristiano, comenzó a sentirse muy incómodo con las malvadas actividades ocultistas de su familia y emigró a los Estados Unidos para apartarse de esa influencia. Encontramos a James víctima de muchos tormentos y de mucha opresión. Asimismo, un espíritu maligno venía a él todas las noches y le atacaba de manera constante y continua en el área del sexo. Le explicamos que este espíritu se llama *"súcubo"* y es un demonio que toma la apariencia de mujer para llegarse por la noche a los hombres que duermen y darles la sensación de tener relaciones sexuales. (La contraparte femenina del *"súcubo"* es el *"íncubo,"* un espíritu inmundo que en las noches se presenta en sueños a las mujeres para tener relaciones sexuales con ellas).

Un tremendo sentimiento de impureza abrumaba a James. Había tratado todo cuanto conocía para librarse de este espíritu atormentador sin ningún alivio. En su ignorancia del plano demoníaco sobrenatural, consultó a una bruja en Nueva Inglaterra, mientras prestaba allí una parte de su servicio militar.

La bruja le hizo ir a su casa para darle un huevo. Debía llevar el huevo en la mano, mientras recorría una distancia bastante prolongada en bus, pero el huevo no se debía quebrar, pues entonces el conjuro no obraría. La hechicera ejecutó ciertos pases y ritos sobre el huevo y le ordenó a James que cuando llegara a su destino, debía poner el huevo en el piso y aplastarlo con el pie. Si salía una serpiente, era señal que ya estaba libre del súcubo.

James cumplió con las instrucciones recibidas y cuando aplastó el huevo, ¡salió una serpiente! Sin embargo, pronto descubrió que el súcubo era más fuerte que nunca. Haber buscado ayuda de lo oculto sólo aumentó y complicó el problema. Debemos recordar que de acuerdo con la enseñanza del mismo Jesús, satanás no echa fuera a satanás (Mateo 12:26).

Guiamos a James en una oración de confesión para renunciar a los pecados de hechicería. En el nombre poderoso de Jesús, expulsamos el espíritu de súcubo y muchos otros espíritus inmundos y se cumplió en este joven la Palabra de Dios:

"Así que, si el Hijo os libertare, seréis verdaderamente libres"   Juan 8:36).

Dedicamos cierto tiempo para enseñar a James la forma correcta de usar su propia autoridad espiritual como creyente en Jesucristo. Así le fue posible saber que si algunos de los espíritus que habían salido, intentaban volver, los podría echar fuera con todo denuedo en el nombre todopoderoso de nuestro Señor Jesús.

Comenzamos una enseñanza de primera mano sobre las maldiciones por brujería mientras ministrábamos en una ciudad con una fuerte cultura mejicana y norteamericana que tenía sus raíces en la hechicería. Allí llevamos a muchas personas a los pies de Cristo y las sacamos del dominio de satanás. Casi todas habían tenido problemas muy serios que se originaban en las maldiciones de los hechiceros y brujos.

El repiqueteo insistente del timbre telefónico nos sacó de un sueño profundo. Con una rápida mirada al reloj, vimos que eran las dos de la madrugada. Se trataba de Rita, una joven que había asistido a unos pocos servicios de nuestra iglesia. Estaba muy confundida, con mucha angustia y en medio de su llanto se pudo entender que necesitaba a Frank con suma urgencia y pedía que fuera a su casa tan rápido como le fuera posible.

Cuando llegué a la casa de Rita encontré a su hermano, Alberto, un fornido campesino, acostado sobre un sofá. Estaba muy débil para poder moverse y parecía a punto de morir. Rita nos había visto echar fuera demonios de la gente y trató de hacer lo mismo con su hermano. Me mostró las marcas en la piernas donde los demonios de Alberto la atacaron y la habían mordido. Estaba histérica.

Comencé a orar por Alberto. Ordené a los espíritus de hechicería que salieran de él y que le dejaran libre. En pocos minutos se sentó y pidió alimentos, no había comido desde cuando llegó a la casa, después de trabajar todo el día en la finca.

Este episodio me recordó el de los hijos de Esceva que intentaron expulsar los espíritus de un hombre endemoniado. En efecto, la Santa Biblia dice: *"[13]por Jesús, el que predica Pablo[16]Y el hombre en quien estaba el espíritu malo, saltando sobre ellos y dominándolos, pudo más que ellos"* (Hechos 19:13,16). Los hijos de Esceva no eran creyentes en Cristo y por tanto, no tenían ninguna autoridad espiritual sobre los demonios.

Este era el problema de Rita. Intentó expulsar los demonios de su hermano en el nombre de Jesús, de quien hablaba el hermano Frank. Rita aún no tenía una relación personal con Cristo. Muy pronto, entregó su corazón al Señor y después nos ayudaba a ministrar liberación a otras personas, pues nos servía de intérprete con mucha fluidez.

Lupe era una nueva convertida en nuestra congregación. Vivía con su madre y su anciana abuela. Lupe nos confió que su abuela era hechicera. Usaba animales disecados y rellenos de estopa o paja, así como otros elementos para sus brujerías.

Cuando la abuela murió, Lupe pidió a sus dos pastores, los hermanos Hammond y Low orar por su casa. Ella y la madre experimentaban algunas cosas bastante extrañas. En efecto, tres o cuatro horas después de barrer y sacudir el polvo, todo en la casa estaba completamente sucio de nuevo. Cuando alguien se sentaba en la mecedora de la abuela, sentía que le punzaban las piernas. Habían examinado la silla y no se descubrió causa natural de ninguna clase para esas punzadas. Además, la abuela se había aparecido varias veces desde el momento de su muerte.

Los dos pastores fuimos por toda la casa, cuarto por cuarto, desde el sótano hasta el cuarto de san Alejo, situado en el ático. Nos encargamos de destruir todos los objetos que habían pertenecido a la abuela y que se hubieran usado para la brujería. Tomamos aceite para ungir las paredes y ordenamos la salida y expulsión de todo espíritu de hechicería. Examinamos todos los armarios y los gabinetes. La limpieza de la casa se hizo a fondo, de manera muy efectiva y, desde entonces, no se volvió a presentar ninguno de los problemas previos.

En la Santa Biblia se menciona un relato sobre intentos de brujerías, de donde hemos aprendido verdades muy valiosas. Esta historia figura en el Libro de Números desde el capítulo 22 hasta el 24. Allí el rey de Moab, Balac, contrató a Balaam para que maldijera a los israelitas. Balaam era un notable hechicero, muy famoso en toda la región y debido a su habilidad para echar maldiciones, se le consideraba digno de un salario muy elevado por sus servicios.

Los israelitas habían salido de Egipto, habían derrotado a los reyes amorreos y ahora acampaban en las fronteras de Moab. Balac estaba temeroso de ellos. La única posibilidad que encontró para derrotar a los hebreos, consistía en hacerlos maldecir por Balaam. Aquí vemos que, desde tiempo atrás, era bien conocido que la brujería mostraba muy diversos sistemas y métodos que permitían aprovecharse tanto de los enemigos como de muchas otras personas.

Balaam mostraba una muy sólida reputación en maldecir a la gente. Su habilidad y sus capacidades para echar maldiciones sobre los demás, no eran producto de una simple superstición. En efecto, el propio rey Balac pudo afirmar: *"yo sé que el que tú bendigas será bendito, y el que tú maldigas será maldito"* (Números 22:6). ¡Sí, las maldiciones de la brujería son verdaderas y reales!

A pesar de la implacable codicia que mostró Balaam hacia las recompensas ofrecidas por Balac, rey de Moab, sólo pudo pronunciar bendiciones para el pueblo de Dios. Con toda su soberanía el Todopoderoso intervino de manera muy activa y no permitió que hubiera ninguna maldición sobre los miembros de su pueblo escogido. Esta puede

ser una explicación más que razonable para poder
entender las palabras del autor sagrado:

> *"Mas no quiso Jehová tu Dios oír a Ba-*
> *laam; y Jehová tu Dios te convirtió la maldi-*
> *ción en bendición, porque Jehová tu Dios te*
> *amaba"*   Deuteronomio 23:5.

¿Por qué Balaam fue incapaz de maldecir a
los israelitas? ¿Acaso no tenía a su favor su gran
experiencia en artes secretas y mágicas? Conviene
recordar que en el caso de los israelitas toda
incredulidad y toda rebeldía habían salido de en
medio de ellos. Cuando la nube se movía ellos se
movían también. Israel constituía el pueblo de Dios
que andaba en total y completa obediencia a El.
Por tanto, el Altísimo bendecía a su gente.

Balac, ante el patente fracaso de su estrate-
gia, con toda razón se impacientó y se enojó con
Balaam. ¿Por qué no maldijo a Israel? La respuesta
fue muy sencilla:

> *"¿Por qué maldeciré yo al que Dios no*
> *maldijo? ¿Y por qué he de execrar al que*
> *Dios no ha execrado?"*   Números 23:8.

¿Cuál es la enseñanza práctica que aprendemos de la incapacidad que tuvo Balaam para
maldecir a Israel? También es muy simple: Cuando
andamos en obediencia delante de Dios, las maldiciones contra nosotros no pueden prosperar.
Todos los que califican para las bendiciones de
Dios son inmunes contra las maldiciones de la
hechicería.

Sin embargo, no debemos volvernos paranoicos y temer que alguien nos ponga maldiciones.
Nuestra protección contra la hechicería simplemente reside en vivir en santidad y rectitud ante
Dios.

Además, igualmente debemos mantenernos vigilantes, pues el diablo siempre anda como león rugiente, en búsqueda de quien pueda devorar. En consecuencia, es necesario evitar que nuestros actos ofendan a Dios. Esto pasó con los israelitas, pues cometieron adulterio y fornicaron con las hijas de Moab. Además, también el pueblo de Israel se inclinó a sus dioses (Números 25:1-2).

¿Y qué pasó? ¡El juicio de Dios cayó sobre Israel, pues su ira se encendió contra ellos y perecieron 24.000 israelitas! ¿Y quién fue el que se prestó para servir como instrumento de satanás? ¡Balaam!

*"He aquí, **por consejo de Balaam**, ellas fueron causa de que los hijos de Israel prevaricasen contra Jehová en lo tocante a Baal-peor, por lo que hubo mortandad en la congregación de Jehová"*

Números 31:16).

Gracias a Dios hoy los cristianos aprenden que su autoridad está en Dios. Cada día se hacen más sabios en saber cómo protegerse de la hechicería y cómo cancelar los poderes de la brujería.

¿Cómo puede un cristiano protegerse de las maldiciones de los hechiceros? Nuestra protección consiste en ponernos toda la armadura de Dios. Esa es toda la protección que necesitamos. Como soldados de Cristo debemos mantener ceñidos nuestros lomos con el cinto de la **verdad,** utilizar la coraza de la **justicia**, emplear el yelmo de la **salvación**, y mantener perfectamente embrazado con todo nuestro aliento el escudo de la **fe**. Nuestros pies deben estar calzados permanentemente con el apresto de la diligencia para proclamar **el evangelio de la paz** y debemos blandir siempre con toda autoridad la espada del Espíritu que como sabemos es **la Palabra de Dios** (Efesios 6:13-17).

La armadura total y completa de Dios, es nuestra defensa.

Un soldado valiente de la cruz no se deja asombrar por satanás. Conoce sus armas y su autoridad. Nunca debemos temblar ante los poderes de la hechicería ni intimidarnos por las amenazas que nos dirija; por el contrario, debemos permanecer firmes en el Señor y en la fortaleza de su poder, pues el propio Jesús nos prometió:

"He aquí os doy potestad de hollar serpientes y escorpiones, y sobre toda fuerza del enemigo, y nada os dañará"

Lucas 10:19.

"Les he dado autoridad para caminar sobre serpientes y escorpiones, y para superar todos los poderes del enemigo; nada les podrá hacer daño"

(Nueva Versión Internacional).

Para quienes sepan o piensen, que han sido expuestos a las maldiciones de los brujos o de los hechiceros, les recomendamos con urgencia las oraciones y las confesiones que aparecen en el Capítulo 9.

8

Leyes que gobiernan las maldiciones

Hay ocho leyes básicas que gobiernan las maldiciones. Esas leyes se aplican a cada una de las categorías en sus distintas clases: las generacionales, las que se originan en los pecados de cada persona, las que vienen por las cosas malditas, las que se deben a las palabras de maldición, las que se fundamentan en los padres fundadores y las maldiciones que nacen por la brujería.

1. Hay una causa para toda maldición

"Como el gorrión en su vagar, y como la golondrina en su vuelo, así la maldición nunca vendrá sin causa"

Proverbios 26:2

Nadie puede, inadvertidamente, tropezar con una maldición y ser víctima de ella. A las maldiciones las regulan las leyes espirituales, las leyes de Dios. De hecho, Dios decide si uno ha de ser bendecido o maldito; su decisión tiene como base nuestra propia obediencia a los estatutos y mandamientos que se hallan en las Santas Escrituras.

"Pero acontecerá, si no oyeres la voz de Jehová tu Dios, para procurar cumplir todos sus mandamientos y sus estatutos que yo te intimo hoy, que vendrán sobre ti todas estas maldiciones y te alcanzarán"
Deuteronomio 28:15.

Las bendiciones así como las maldiciones están sujetas a las ordenanzas y reglas divinas. Nadie tropieza en las bendiciones de Dios.

"¹Acontecerá que si oyeres atentamente la voz de Jehová tu Dios, para guardar y poner por obra todos sus mandamientos que yo te prescribo hoy, también Jehová tu Dios te exaltará sobre todas las naciones de la tierra. ²Y vendrán sobre ti todas estas bendiciones, y te alcanzarán, si oyeres la voz de Jehová tu Dios"
Deuteronomio 28:1-2.

2. El pecado es la puerta para la maldición

Las primeras maldiciones sobre la raza humana se produjeron en el huerto del Edén, cuando Adán y Eva pecaron.

La serpiente recibió maldición:

"Y Jehová Dios dijo a la serpiente: Por cuanto esto hiciste, maldita seras entre todas las bestias y entre todos los animales del campo"   Génesis 3:14.

Además, sobre la mujer también hubo maldición:

"Multiplicaré en gran manera los dolores de tus preñeces; con dolor darás a luz los hijos; y tu deseo será para tu marido, y él se enseñoreará de ti"   Génesis 3:16.

Asimismo para Adán:

"Por cuanto obedeciste a la voz de tu mujer, y comiste del árbol de que te mandé diciendo: No comerás de él, maldita será la tierra por tu causa; con dolor comerás de ella todos los días de tu vida"

Génesis 3:17.

Vale la pena recordar que *"la maldición nunca vendrá sin causa"* (Proverbios 26:2). Hubo maldiciones en el Edén y sus causas fueron el pecado. Por tanto, el pecado es raíz que origina la maldición. Mientras permanezca la raíz, la maldición no se puede quebrantar.

En estos días muy pocas personas atribuyen los problemas de la vida a las maldiciones. Por ejemplo, si un agricultor tiene problemas con sus cosechas, ¿buscará en su propia vida un pecado como causa del fracaso? Definitivamente no; con toda certeza, no vacilará en emplear todos los métodos posibles a fin de obtener que se salve su cosecha en peligro. Recurrirá a fertilizantes, herbicidas, insecticidas, irrigación y todo cuanto pueda encontrar. Sin embargo, de acuerdo con la Palabra de Dios, las dificultades en el área de la agricultura se deben a maldiciones, según se puede deducir de un estudio atento y cuidadoso de Deuteronomio 28:15-24.

No es posible hacer que los problemas espirituales retrocedan con armas carnales. Una maldición es un problema espiritual que exige una solución espiritual.

De la misma manera muchas condiciones de enfermedades y sufrimientos físicos y una buena cantidad de dificultades financieras se deben a maldiciones. Frank comparte este testimonio:

Desde cuando tenía diez años de edad comencé a sufrir de alergias muy severas. El asma me afectaba con tanta seriedad que me era muy común perder a veces hasta más de treinta días en un período escolar. Con frecuencia permanecía en cama durante una o dos semanas, cada vez, mientras luchaba por conseguir la más pequeña cantidad de aire para respirar. En esa época era muy poca la ayuda médica que recibía. Mis padres y todos los parientes, amigos o conocidos, recurrían a todos los remedios que les ofrecieran, muchos de los cuales eran puras supersticiones.

Alguien le dijo a mi madre que se me iba a curar el asma si fumaba hojas secas de higuera en una pipa hecha de tusa de maíz, pero esto no hizo sino ampollarme la lengua. Tratamos otro remedio. Se marcó mi estatura sobre la puerta de un armario y se hizo allí un orificio, donde se colocó un mechón de mis cabellos. Se creía que cuando creciera y dejara atrás el hueco donde estaba el pelo, se me acabaría el asma. Estas prácticas supersticiosas no hicieron sino complicar mis dolencias.

También fui víctima de la fiebre del heno. Era especialmente severa en los otoños, cuando los diversos pólenes llenaban el aire. La fiebre del heno era tan grave que me veía incapacitado no podía hacer nada durante muchos días. Cuando el Señor me llamó a un ministerio itinerante, le dije que no podría viajar en septiembre ni en octubre porque el polen me provocaba una muy molesta e imposibilitadora fiebre del heno.

Cuando estaba próximo a cumplir los cincuenta años, comencé a aprender sobre las maldiciones, sus causas y sus efectos. Nuestra casa tenía su parte de cuadros y figuritas de idolatría. Además las paredes y estantes estaban llenos de objetos de artesanía de los indios norteamericanos, que incluían buenas cantidades de artefactos de idolatría. El Señor me recordó que había comenzado a coleccionar cosas de los indios cuando tenía diez años, la misma época en que comenzaron mis alergias.

Entonces hicimos una muy cuidadosa limpieza en toda la casa. Todo lo que era sospechoso se destruyó, se quemó o se acabó en alguna forma. Con la ayuda de otros hermanos en nuestra congregación, me sometí a una liberación muy completa. ¡Se echaron fuera los demonios de las maldiciones, y se dio fin así a los sufrimientos, ¡bendito sea Dios!

3. Toda maldición es un problema espiritual que no se puede remediar por medios naturales

"No os engañéis; Dios no puede ser burlado: pues todo lo que el hombre sembrare, eso también segará" Gálatas 6:7.

El profeta anunció el juicio de Dios que iba a venir sobre Israel a causa de su idolatría. Los israelitas sembraron vientos y segaron torbellinos (Oseas 8:7). Aunque rendían tributo a Asiria, eso no les compró su seguridad pues el pueblo de Dios estaba bajo maldición debido a la adoración que dieron a los becerros. De manera semejante, nadie que se halle sometido a maldiciones jamás podrá escapar de sus efectos mediante el ingenio humano.

Cuando las enfermedades y las dolencias se deben a maldiciones, ninguna ciencia humana podrá servir. Si el diezmo no se paga a Dios y se retiene o se dedica a otros fines, habrá una maldición sobre los recursos económicos y ninguno de los muchos tipos de planes o presupuestos servirán para controlar al devorador.

¡Oh! ¿Y qué pensar de quienes han robado a Dios en sus diezmos y ofrendas, y sin embargo tienen riquezas y muchos bienes materiales? Sí; eso es cierto, pero Dios dijo por medio del profeta: *"enviaré maldición sobre vosotros, y maldeciré vuestras bendiciones"* (Malaquías 2:2). No; definitivamente, Dios es imposible de burlar. Hasta la propia riqueza se puede convertir en maldición.

4. Donde permanece el pecado, también permanece la maldición

Salomón acababa de dedicar el hermoso templo a Dios y la gloria del Señor llenó por completo ese lugar. Aunque el Altísimo moraba en medio de los israelitas, ellos debían seguir en el camino de la obediencia. Si no lo hacían así, quedaban expuestos a las maldiciones que Dios iba a permitir en su contra:

"Si yo cerrare los cielos para que no haya lluvia, y si mandare a la langosta que consuma la tierra, o si enviare pestilencia a mi pueblo"   2 Crónicas 7:13.

Sin embargo, por medio del arrepentimiento vendrían las bendiciones:

"si se humillare mi pueblo, sobre el cual mi nombre es invocado, y oraren, y busca-

> *ren mi rostro, y se convirtieren de sus malos*
> *caminos; entonces yo oiré desde los cielos,*
> *y perdonaré sus pecados, y sanaré su tie-*
> *rra"* 2 Crónicas 7:14.

Los demonios tienen sus escondites donde se mantiene y permanece el pecado. Una maldición sólo puede terminar sus efectos cuando el pecado sale a luz mediante la confesión, cuando se le abandona y se obtiene el perdón que Dios brinda.

5. El poder de las maldiciones es diabólico

Si Dios permite una maldición, satanás y sus demonios son los instrumentos que la ejecutan. Para decirlo de otra forma: cuando se impone una maldición, Dios quita por un instante su mano protectora y permite obrar al diablo.

Si volvemos al Libro de los Principios vamos a encontrar un pasaje explicativo del antagonismo que Dios fijó entre la serpiente y la humanidad, por medio de la maldición pronunciada:

> *"Y pondré enemistad entre ti y la mujer,*
> *y entre tu simiente y la simiente suya; ésta*
> *[la simiente de la mujer, Jesús, el Hombre]*
> *te herirá en la cabeza, y tú le herirás en el*
> *calcañar"* Génesis 3:15.

Así, el pecado del hombre dio poder a la serpiente antigua el diablo, para herir el talón del Señor. Cuando nuestro maravilloso Señor Jesús llevó sobre sí todos nuestros pecados, satanás pudo herir A LA simiente de la mujer, ¡pero El le aplastó la cabeza! La cruz y la resurrección de Cristo nos liberaron de toda maldición.

Más adelante leemos sobre Caín y Abel, los hijos de Adán y Eva. Caín sintió envidia y celos porque el Señor aceptó el sacrificio de sangre de su hermano Abel, pero rechazó su ofrenda de frutos de la tierra. Dios observó la ira y los celos de Caín y le hizo una advertencia:

> *"⁶¿Por qué te has ensañado y por qué ha decaído tu semblante?⁷Si bien hicieres, ¿no serás enaltecido? y si no hicieres bien, el pecado está a la puerta; con todo esto a ti será su deseo, y tú te enseñorearás de él"*
> (Génesis 4:6-7).

Todos sabemos lo que pasa cuando nuestro perro está fuera de la casa y quiere entrar. Esperará al lado de la puerta. Si oye pasos dentro de la casa, sus orejas se levantan bien erguidas como una señal inequívoca de completa atención. Cuando percibe que una mano se halla sobre la manija de la puerta, está listo para saltar al interior. Y no necesita que la puerta se abra enteramente para irse adentro.

Esto ilustra muy bien la situación de Caín y claro está, también la nuestra. El pecado se personifica y un emisario de satanás espera tan solo una rendija para brincar adentro con su maldición. Todo lo que necesita para hacerlo es que se le abra la puerta del pecado.

Y también se explica así muy claramente la admonición que nos dirige con todo amor el Santo Espíritu de Dios, mediante la sabiduría de las Santas Escrituras:

> *"²⁶Airaos, pero no pequéis; no se ponga el sol sobre vuestro enojo. ²⁷ni deis lugar al diablo"*   Efesios 4:26-27.

Si alguien se va a dormir sin arrepentirse de la ira, dejará abierta la puerta para que entre el pecado. Que no se sorprenda si en la mañana siguiente encuentra por lo menos un cerdo en su sala.

El Señor ordenó al rey Saúl destruir a todos los amalecitas, junto con sus pertenencias y todos sus ganados. Saúl desobedeció a Dios, pues tomó vivo al rey Agag junto con lo mejor de sus rebaños de reses, ovejas y bueyes. Por este pecado vino sobre el rey Saúl una maldición, según nos informa la Santa Biblia:

"El Espíritu de Jehová se apartó de Saúl, y le atormentaba un espíritu malo de parte de Jehová" (1 Samuel 16:14).

Por la influencia de este espíritu malo, Saúl se volvió paranoico, extremadamente suspicaz y no hacía sino llenarse de celos contra David. En efecto, lo persiguió con toda furia y varias veces intentó darle muerte.

Las maldiciones de esa enfermedad mental vinieron sobre el rey Saúl, debido a su rebelión que es como el pecado de la adivinación (hechicería) y como ídolos e idolatría es la terquedad (1 Samuel 15:23). Así, pues, el pecado es una puerta por cuyo medio entra una maldición. Y el poder que respalda y sostiene a toda maldición es un espíritu satánico.

Con cierta frecuencia a una maldición se la mira como una categoría especial de "demonización," aunque un "espíritu o demonio de maldición" es algo bien distinto de otros espíritus del mal. Sin embargo, en realidad tener cualquier espíritu inmundo es estar maldito, y estar maldito es tener un espíritu inmundo.

6. *La ley no suministraba soluciones para la maldición*

No se impartía ninguna gracia para quienes pecaban bajo la ley. La maldición venía sin remedio de ninguna clase. En efecto, la Palabra de Dios lo declara de una manera indudable:

"Porque todos los que dependen de las obras de la ley, están bajo maldición, pues escrito está: Maldito todo aquel que no permaneciere en todas las cosas escritas en el libro de la ley, para hacerlas"

Gálatas 3:10.

Como todos hemos pecado y por cuanto todos estamos destituidos de la gloria y de la gracia de Dios, y nadie es justo, la maldición ha venido incuestionablemente sobre todas las personas que se hallan en la faz de la tierra.

El caso de David es un ejemplo perfecto de tal afirmación. David violó los mandamientos "No cometerás adulterio" y "No matarás". Pero, ¿acaso no se arrepintió? Claro está que sí. Y hasta con lágrimas amargas. La prueba se encuentra en el Salmo 51 que nos refrescará la memoria sobre las súplicas que hizo al Altísimo para alcanzar el perdón y el favor divinos. Pero, a pesar de todo, cuando el profeta Natán confrontó al rey David, le anunció la maldición que Dios había decretado:

"[10]Por lo cual ahora no se apartará jamás de tu casa la espada, por cuanto me menospreciaste, y tomaste la mujer de Urías heteo para que fuese tu mujer. [11]Así ha dicho Jehová: He aquí yo haré levantar el mal sobre ti de tu misma casa, y tomaré tus mujeres delante de tus ojos, y las daré a tu prójimo, el cual yacerá con tus mujeres a la vista del sol[14]Mas por cuanto con este asunto hiciste blasfemar a los hijos de Jehová, el hijo que te ha nacido ciertamente morirá"

2 Samuel 12:10,11,14.

Aunque David se arrepintió con toda sinceridad, el juicio que se había pronunciado vino sobre él y pasó a toda su familia. Bajo la ley no había ningún remedio para las maldiciones.

Bajo la ley, las maldiciones de la idolatría iban hasta la tercera y cuarta generaciones (Exodo 20:5). Cuando se concebía un niño fuera del lecho conyugal, las consecuencias por el pecado de sus padres se extendían hasta la décima generación (Deuteronomio 23:2). Una vez que se ponía en movimiento una maldición, la ley no suministraba ningún recurso en su contra. ¡Por tanto, demos gracias a Dios por nuestro Señor Jesús!

7. Cristo nos redimió de la maldición de la ley

Acabamos de considerar las malas nuevas que bajo la ley no existía remedio de ninguna clase contra la maldición. Ahora, llegamos a las buenas nuevas, Cristo nos suministró una vía de escape.

> *"Cristo nos redimio de la maldicion de la ley, hecho por nosotros maldicion (porque esta escrito: Maldito todo el que es colgado en un madero)"* Gálatas 3:13.

¿Cómo nos redimió Jesús de la maldición de la ley? Se hizo nuestro portapecados, es decir, nuestro sustituto. Tomó sobre El mismo el castigo que se debía aplicar a nuestras iniquidades y a nuestra maldad y lo llevó en su propio cuerpo sobre la cruz.

> *"Quien llevó él mismo nuestros pecados en su cuerpo sobre el madero, para que nosotros, estando muertos a los pecados, vivamos a la justicia; y por cuya herida fuisteis sanados"* (1 Pedro 2:24).

La ley que se dio por medio de Moisés imponía maldiciones sobre todos los que desobedecieran los mandamientos divinos. Estas maldiciones afectaban el cuerpo, la mente, la relación interpersonal, el sustento de la vida, la libertad, el ambiente y sobre todo, el bienestar.

La cruz es, por tanto, el foco central del evangelio y lo hace así con toda justicia. Jesús nos ha redimido de la maldición de la ley. En términos prácticos esto significa que ya no hay ninguna razón para que alguien permanezca bajo maldiciones. La solución, se halla a la mano.

8. La redención se debe apropiar

En Gálatas 3:14 se nos muestra el beneficio provisto por medio de la obra redentora de Cristo Jesús, para que en éste la bendición que recibió Abraham pudiera extenderse a los gentiles, a fin de que por la fe fuera posible recibir la promesa del Espíritu Santo. Pero, ¿cómo fue la bendición que tuvo el patriarca? ¿Qué dice la Biblia?

"Era Abraham ya viejo y bien avanzado en años; y Jehová HABIA BENDECIDO A ABRAHAM EN TODO"   Génesis 24:1.

Ahora bien, Abraham obtuvo todas las bendiciones de Dios por medio de la fe y no por obediencia a la ley. Lo mismo debería suceder con nosotros. Es indispensable y más que necesario apropiarse de las bendiciones de Dios mediante la fe, y no mediante las obras.

Tiene una significación máxima que la declaración de las bendiciones de Abraham se asocie con la disposición y la voluntad para sacrificar a su hijo Isaac, que es un tipo del sacrificio del Unigénito Hijo de Dios. En efecto, el Altísimo le dijo a su amigo:

"[16]por cuanto has hecho esto, y no me has rehusado tu hijo, tu único hijo; [17]de cierto te bendeciré, y multiplicaré tu descendencia

> *como las estrellas del cielo y como la arena*
> *que está a la orilla del mar; y tu descend-*
> *encia poseerá las puertas de sus enemigos"*
> Génesis 22:16-17.

Dios sigue en la renovación de su pacto con Abraham. Pero a través del Nuevo Pacto provisto en la sangre de Jesús, tenemos nuestro remedio para las maldiciones impuestas por la ley.

Jesús murió por todos los hombres, pero no todos son salvos, ¿por qué? El remedio se debe apropiar. Muchos de los hijos de Dios permanecen bajo varias maldiciones de la ley. ¿Por qué? No se han apropiado de los beneficios redentores que efectuó Cristo con respecto de la maldición.

¡Ah! Descubrimos una falla teológica común. La provisión completa de todos los bienes de la cruz no llega automáticamente con el nuevo nacimiento. De otra forma, ¿cómo podría enfermarse un cristiano? Pues, por sus heridas fuimos sanados (1 Pedro 2:24). Hay un modo dado por Dios para apropiarse de la vida eterna, así como hay maneras con las que nos apropiamos de la sanidad y de la liberación.

Ya no estamos más bajo la ley que se basaba en el binomio cumplimiento-aceptación, sino bajo la gracia que se basa en la fe. *La gracia no significa que uno sea inmune a las maldiciones; simplemente quiere decir que ya hay una solución, un remedio.*

La falla en la obediencia a Dios aún trae una maldición, pero ahora hay una salida. Por ejemplo, Dios ha ordenado que perdonemos a los que nos ofenden. Si me niego a perdonar, he transgredido el mandamiento divino. El castigo consiste en que Dios me entrega a los espíritus atormentadores (Jesús en la Biblia los llama "verdugos" en Mateo 18:34). Sin embargo, no tengo que ser atormentado por el diablo. Me puedo arrepentir, perdonar a quien me ofendió y echar fuera los espíritus de amargura y tormento.

La liberación es un paso necesario para ser libre de las maldiciones. Como el poder de la maldición es satánico, es necesario echar fuera, expulsar, a los demonios que mantienen el efecto de una maldición. Y ¿por qué no simplemente levantarme en fe? Porque la fe sola, es decir, sin obras, es muerta (Santiago 2:17). La fe muerta nunca ha cumplido nada.

La fe pasiva es fe muerta. Por tanto, no es cuestión de confiar en Dios para echar fuera los demonios de las diversas clases de maldiciones. Dios *nos* ha dado autoridad para expulsar demonios. Se necesita fe para echar fuera a los demonios. Debemos creer que la Palabra de Dios es veraz o sea, que como creyentes tenemos autoridad sobre los espíritus del mal, y que cuando les ordenamos: "Sal fuera, en el nombre de Jesús", los demonios deben salir. La liberación es fe en acción.

9

Pasos para romper las maldiciones

A medida que usted ha gozado de la lectura de este libro, puede haber descubierto prueba(s) o evidencia(s) patentes de maldiciones a lo largo de su vida. El bosquejo que se indica a continuación, ofrece los pasos necesarios para ser libres de toda clase de maldición. Permítanos animarle para que lleve a cabo y siga cada paso, para que repita en alta voz las oraciones de confesión que se dan en los diversos pasos y sobre todo para que personalice con toda la autoridad divina esas plegarias cuando quiera que sean apropiadas.

Paso Uno. **Afirme su relación con el Señor Jesucristo.** Usted debe recordar que hay que vencer a satanás con "la palabra de nuestro testimonio" (Apocalipsis 12:11), palabra que a su vez debe ser nada más pero tampoco nada menos que "el testimonio de Jesucristo" (Apocalipsis 12:17).

Oración: Señor Jesucristo, creo desde lo más íntimo y profundo de todo mi corazón que eres el Hijo Unigénito de Dios. Dejaste tu trono de gloria en los cielos para venir a ser hombre. Viviste en este mundo y fuiste tentado en todo, tal como nosotros los hombres, pero sin pecar nunca. Luego, fuiste a la cruz y allí entregaste tu vida. Tu sangre preciosa se vertió hasta la última gota por mi redención total. Te levantaste de los muertos y subiste a los cielos, de donde vendrás de nuevo en toda tu gloria. Sí, Señor; te pertenezco, pues me compraste para tu Padre con el precio de tu sangre. Soy también hijo de Dios y heredero de todas tus promesas. Eres mi Salvador, mi Señor y mi Liberador. Amén.

Paso Dos. **Arrepiéntase de todos sus pecados (conocidos y desconocidos);** pida el perdón de Dios, por medio de Jesucristo.

Oración. Padre Celestial: Vengo ante tu Presencia en actitud de arrepentimiento y de cambio totales y absolutos. Te suplico que me perdones todos y cada uno de los pecados que he cometido —tanto los que recuerdo y te confieso, como los que he olvidado, pues me arrepiento de todos ellos.

Paso Tres. **Renuncie a los pecados de sus antecesores.**

Oración. Padre Celestial: Confieso delante de ti todas las faltas y la iniquidad de mis antepasados. En este momento renuncio, rompo y me desligo a mí mismo y a todos los miembros de mi familia, a mis hijos, a mis nietos, a mis hermanos y demás parientes, de las diversas maldiciones hereditarias, y de todas las ataduras demoníacas que fueron puestas sobre nosotros como consecuencias de pecados, transgresiones y maldades de mis padres o de cualquiera de mis antecesores.

Paso Cuatro. Acepte y reciba el perdón de Dios y perdónese usted mismo.

Oración. Padre Celestial: Has prometido en tu Palabra que si confieso mis pecados, eres fiel y justo para perdonarme y limpiarme de todas mis maldades (1 Juan 1:9). Creo que me has perdonado por amor a tu Hijo nuestro Señor Jesucristo. Por tanto, recibo tu perdón y me perdono a mí mismo.

Paso Cinco. Perdone a todos aquellos que alguna vez le hayan ofendido.

Oración. Señor, sabes muy bien que muchos me han faltado por medio de sus ofensas contra mí, pero me ordenaste perdonar a toda persona que alguna vez me haya herido o que me ofendió en una u otra oportunidad. En este instante hago una decisión de calidad para perdonar a todos ellos (hay que nombrarlos en alta voz, tanto a los vivos como a los muertos). Además, bendigo a todos a quienes he perdonado y te ruego para que tengan en sus vidas tu gozo, tu paz y todo tu amor.

Paso Seis. Renuncie a cualquier contacto con las sectas, con lo oculto y con todas las religiones orientales.

Oración. Padre, confieso como pecado y te pido perdón por todo compromiso con cualquier secta, con el reino de lo oculto y con las religiones falsas. (Por favor, sea tan específico como le sea posible.) Te confieso haber buscado en el reino de satanás el conocimiento, la guía, el poder y la sanidad que sólo deben venir de ti. Por tanto, en este mismo momento, renuncio a satanás y a todas sus obras. Me libero de él y le arrebato todo terreno que a causa de estos pecados le haya podido ceder.

Elijo tus bendiciones y rechazo toda maldición, porque decido escoger la vida y no la muerte.

Paso Siete. Destruya todos los libros, objetos y utensilios asociados con las sectas, con lo oculto o que tengan sus orígenes en toda fuente de religiones falsas.

Oración. Padre Celestial: Tu santa Palabra me dice que eres un Dios celoso, que visita las iniquidades de los padres sobre los hijos hasta la tercera y cuarta generación de los que te aborrecen. Por tanto, tomo la decisión de destruir todos los libros y objetos que tengo y que sean contrarios a ti y a tu reino. Si entre mis posesiones hay algo que no te agrade y que dé algún provecho, o ventaja, a satanás, te ruego que me lo reveles, y lo destruiré inmediatamente.

Paso Ocho. Expulse a todos los espíritus de las maldiciones.

Oración de guerra: satanás, no tienes ningún derecho sobre mi vida y careces de poder sobre mí. Pertenezco por entero a Dios; a Él serviré, y solamente a Él. Por la autoridad del nombre de mi Señor Jesucristo, quebranto el poder de toda maldición maligna que haya venido sobre mí. Ordeno a todo espíritu demoníaco de maldición que me deje y salga de mi vida ahora mismo: espíritus de maldiciones ancestrales, espíritus de maldición por mis pecados personales, espíritus de maldición por brujería, y espíritus de maldición por palabras que hayan salido tanto de mis propios labios, como de la boca de otras personas. [*Nota: Es indispensable ser lo más específicos que se pueda en la identificación de los espíritus de las maldiciones.*]

Paso Nueve. Reclame y aprópiese de las bendiciones.

Ahora, ya quebrantadas y rotas las maldiciones, y después de la expulsión de todos los demonios de maldición, es el momento para que usted confiese las bendiciones en el Señor. Usted debe saber esto: La Gracia de Dios le capacita para que se pueda levantar con todo firmeza, sin experimentar vergüenza de ninguna clase, ante la misma Presencia del Altísimo. Como usted ya tiene el favor de Dios, usted está seguro de sus bendiciones.

Oración. Padre Celestial: te agradezco el liberarme de toda maldición por medio de la obra redentora de tu Hijo, mi Salvador y Señor Jesucristo. Me exaltas y me pones en lo alto. Me haces que fructifique y que prospere en todo. Por tu mano de bendición soy un éxito y no un fracaso. Soy cabeza y no cola estoy encima y no debajo. Me has establecido en santidad. Soy tuyo y me propongo servirte y glorificar tu nombre.

Nota. Quienes están en liderazgo y autoridad deben bendecir a los que se encuentran bajo su cuidado. Que el pastor bendiga a su congregación, el esposo a su esposa, los padres a sus hijos. Hemos encontrado especialmente efectiva y de profundo aprecio y reconocimiento, después de la liberación de las maldiciones, pronunciar una bendición pastoral o paternal sobre él (los) liberado(s). Es una experiencia que conmueve el corazón de quienes nunca han recibido una bendición, que la escuchen de las personas que son su autoridad espiritual.

Dios instruyó a Aarón y a sus hijos para que levantaran su Nombre sobre los hijos de Israel y los bendijeran. Permítasenos utilizar esas mismas palabras sacerdotales para pronunciar una bendición sobre los demás:

"24Jehová te bendiga, y te guarde; 25Jehová haga resplandecer su rostro sobre ti,

y tenga de ti misericordia; [26]*Jehová alce*
sobre ti su rostro, y ponga en ti paz"

                                        Números 6:24-26.

AMEN